INHALTSVERZEICHNIS

WIDMUNG

Dieses Buch widme ich Marjorie,
meiner Partnerin,
die mich bei dem größten Abenteuer begleitet:
Jesus immer besser kennenzulernen
und nachzufolgen.

VORWORT

Dieses Buch ist eine Beschreibung der Person Christi und Seines Werkes, wie sie uns die Schrift mit 100 Namen und Titeln gibt. Jeder Name und Titel enthüllt uns ein Portrait unseres Herrn, das uns neue Einsichten und Bedeutung für unser Leben gewinnen läßt.

Die Bilder sind in vier Abschnitte unterteilt, wovon der erste die Ewigkeit unseres Herrn behandelt. Der Leser begegnet Benennungen wie „Alpha und Omega“, „starker Gott“, „Abglanz Seiner Herrlichkeit“.

Die zweite Galerie befaßt sich mit dem Erdenleben Christi und Seinem irdischen Dienst. Hier findet man Bezeichnungen, die das menschliche Miteinander betreffen wie Bruder, Nazoräer, Zimmermann, Jude, Lehrer, Arzt.

Weiteren Einblick bekommen wir durch die Bilder des dritten Teils, wo es um das bleibende Werk Christi geht. Dort haben wir Titel wie Erlöser, Herr, unsere Hoffnung, Urheber des Heils, König der Könige.

Zum Schluß kommen wir zum Selbstportrait unseres Herrn, wo Er sich unter anderem als Licht der Welt, der gute Hirte, die Auferstehung und das Leben, der Weg und der strahlende Morgenstern bezeichnet.

Das Studium der Namen und Titel und Bezeichnungen soll dem Leser dazu dienen, seinen Herrn besser kennenzulernen, um Ihm fester und treuer nachzufolgen.

EINLEITUNG

„Was beinhaltet ein Name?“ fragt schon Shakespeare. Der Name ist kein unwichtiger Teil einer Person. Die Eltern sind oft lange am Überlegen, welchen Namen sie ihrem Kind geben sollen. Der Name ist eben mehr als nur ein Unterscheidungsmerkmal.

Es ist noch gar nicht so lange her, daß unsere Namen eine reale Bedeutung ausdrückten. Die Abstammung wurde durch Namen wie z. B. Johnson, Erikson, Peterson angezeigt. Berufe wurden im Namen ausgedrückt, wie Schmidt, Müller, Zimmermann.

Goethe schreibt, daß der Name untrennbar mit der Person verbunden ist: „Der Name eines Menschen ist nicht wie ein Mantel, den man jemand umlegt ..., sondern wie ein Kleid, das eng anliegt. Man kann es nicht zerreißen, ohne den Menschen selbst zu verletzen.“

In biblischen Zeiten hatte der Name viel größere Bedeutung als heute. Er drückte das Wesen oder das Besondere einer Person aus oder etwas Bezeichnendes, das mit ihrer Lebensgeschichte in Verbindung stand.

Manchmal wurde ein neuer Name angenommen oder gegeben, um an eine Veränderung der Person oder an ein einschneidendes Erlebnis zu erinnern. In dem Bund, den Gott mit Abram einging, veränderte Gott den Namen Abram in Abraham (1. Mose 17,5). Der neue Name hatte die Bedeutung „Vater einer Menge“.

Jakobs Name bedeutete „Hintergeher“ und beschrieb anschaulich sein früheres Wesen. Bei seiner Gottesbegegnung wurde sein Name in Israel (Gotteskämpfer) umgeändert, um zu zeigen, daß er sich nun auf Gott und Seine Kraft verließ (1. Mose 32, 28-29).

Mose änderte Hoscheas Namen in Josua („Der Herr ist Retter“) und sprach prophetisch von dessen Dienst der Befreiung Israels von seinen Feinden (4. Mose 13,16).

Jesaja gab seinen zwei Söhnen symbolische Namen, die sich auf seine Weissagungen bezogen (Jesaja 7,3; 8,3).

Jesus weissagte bei der Berufung Simons von der Robustheit und Stärke, die dieser Fischer entwickeln würde. Er veränderte den Namen Simon zu Kephas (Petrus), was Fels bedeutet (Johannes 1,42).

Die umkrempelnde Erfahrung des Saulus bewirkte nicht nur eine Änderung seiner Einstellung, sondern wurde auch in der Veränderung seines Namens dokumentiert.

Eine große Offenbarung hat Gott auch in den Namen Methusalem (Methusalah/Metuschelach) hineingelegt, denn er bedeutet: „Wenn er nicht mehr ist, wird sie gesandt" (1. Mose 5,25-27). Sein Name prophezeite die Sintflut. Die Gnade und Geduld Gottes zusammen mit dem Ruf zur Buße wird durch den Namen dieses Mannes, der die längste Lebensspanne eines Menschen erreichte, eindrücklich bezeugt.

Aber von allen Namen der Menschheitsgeschichte kommt keiner an den Namen Jesus heran. Keiner ist so bedeutend, so heilig, steht so hoch über den anderen. Paulus spricht in seiner großen christologischen Abhandlung davon, daß Gott Ihm einen Namen gegeben hat, der größer ist als alle anderen Namen (Philipper 2,9).

Viele Liederdichter machten sich deshalb das Rühmen dieses Namens zu ihrem Anliegen, und wir finden ihre Loblieder in unseren Liederbüchern.

Gloria und Bill Gaither schrieben dieses Lied:

> Jesus, Jesus, Jesus,
> es ist etwas Besonderes an diesem Namen!
> Meister, Heiland, Jesus,
> ein Wohlgeruch denen, die zu Ihm kamen.
> Jesus, Jesus Jesus,
> Himmel und Erde sollen es verkünden:
> Könige und ihre Reiche werden vergehen,
> Jesu Name aber bleibt ewig bestehen.

Wenn wir durch das Alte und Neue Testament gehen, finden wir mehr als 100 Namen und Titel für unseren Herrn Jesus Christus, die wie Juwelen glitzern. Die Absicht dieses Buches ist es, diese Namen und Titel zu erläutern und dem Leser nahezubringen. Unser Leben soll durch die aus der Schrift aufleuchtenden Wahrheiten erhellt werden.

Als ich angefangen hatte, mich näher mit den Namen und Titeln zu befassen, stellte sich mir die Frage: „Warum gibt es eigentlich so viele Namen und Titel für unseren Herrn?“ Kaum eine Person der Geschichte hatte mehr als einen wichtigen Titel. Wir haben Alexander den Großen, Wilhelm den Eroberer, Washington den Landesvater usw. Aber Jesus hat über 100 Namen und Titel. Warum so viele?

Ist es deshalb so, weil ein Name beschreibt, aber auch begrenzt? Ein Name oder ein Titel hat eine ihm selbst eigene Begrenzung, und deshalb kann kein Name oder Titel Jesus Christus ganz genügen. Seine Größe und Herrlichkeit ist eigentlich unbeschreiblich.

Wundert es Sie daher nicht, daß wir trotzdem Jesus gut kennenlernen können? Viele Menschen besuchen die großen Museen und Einrichtungen der Welt, wo sie an Werke großer Menschen erinnert werden, die ihr Leben einem besonderen Wissensgebiet verschrieben haben. Ein Wissenschaftler verwandte z. B. viele Jahre dazu, das Leben einer bestimmten Art Säugetiere zu erforschen. Andere haben sich mit Astronomie oder Geschichte befaßt und sich durch ihre Forschungen auf diesen Gebieten hervorgetan.

Während die Erkenntnisse vieler Forscher nach einer gewissen Zeit als veraltet gelten, ist die Erkenntnis Jesu Christi zeitlos und von viel größerem Wert. Sie ist uns nützlich für diese und die kommende Welt.

Der Apostel Paulus erklärt, daß alle Schätze der Weisheit und Erkenntnis in Christus verborgen sind (Kolosser 2,3). Das Studium der Namen und Titel Christi ist sozusagen ein Eintreten in eine große Forschungsarbeit und führt zu Entdeckungen in bezug auf das Leben und die Herrschaft, die Macht und die Majestät, die Retterschaft und die Souveränität Jesu Christi.

Je mehr wir von Ihm erkennen, desto mehr wird uns aber auch bewußt, daß wir noch viel zu lernen haben. Wir haben das ganze Wort Gottes mit Seiner Offenbarung des Sohnes zur Verfügung. Viele Schätze der Wahrheit warten darauf, gehoben zu werden!

Eine gute Weise, Christus besser kennenzulernen und zu verstehen, besteht darin, das Portrait Christi, das uns in den Puzzlestücken der Namen und Titel gegeben ist, zusammenzusetzen. Jeder Name und Titel offenbart einen besonderen Aspekt Seiner Person, Seines Wirkens, Seiner Absichten und Ziele. Die Namen und Titel sind in ihrer Zusammenstellung eine umfassende Veranschaulichung des Wesens Christi.

„Keine Religion war je größer als ihre Gottesvorstellung“, bemerkt A.W. Tozer. Er glaubt, daß unsere Gottesvorstellung unsere Haltung bestimmt, und stellt fest: „Gottesanbetung ist so angemessen oder verfehlt, wie der Anbeter hohe oder niedrige Gedanken über Gott hat.“

Für jeden Christen ist es entscheidend, was er über Christus denkt, welche Vorstellung er von Ihm und Seinem Werk an uns und durch uns hat.

Möge dieses Buch dazu führen, daß Sie Christus besser kennenlernen, Ihn mehr lieben und Ihm besser dienen. Die Welt in ihrer Krise soll die Offenbarung Seiner Liebe und Kraft erfahren.

DIE EWIGKEIT UNSERES HERRN

1

Alpha und Omega

„Ich bin das Alpha und das Omega.“
(Offenbarung 22,13)

Dieser herrliche Titel unseres Herrn stammt aus Seinen abschließenden Worten im letzten Buch und Kapitel der Bibel. Er hat sie im Zusammenhang mit der Verheißung Seines zweiten Kommens ausgesprochen. In diesem letzten Kapitel erklärt der Herr gleich dreimal: „Ich komme bald!“ Die wunderbare Verheißung Seines Wiederkommens wird durch den Titel „Alpha und Omega“ verbürgt.

Unseren Titel finden wir ebenfalls dreimal in der Bibel, und zwar auch im Buch der Offenbarung. Man geht davon aus, daß es in 1,8 die Worte Jesu sind und in 21,6 die des Vaters. Damit gibt sich Christus also einen Titel, den Gott in bezug auf sich selbst gebraucht. Der Titel ist dadurch ein Zeugnis der Göttlichkeit Christi. Nur die Gottheit allein kann dem Anspruch gerecht werden, den dieser Titel geltend macht.

Alpha und Omega sind der erste und der letzte Buchstabe des griechischen Alphabets. Ihre Bedeutung wird ersichtlich in der Erläuterung, die Jesus anschließend gibt: „Der Erste und der Letzte, der Anfang und das Ende.“

Er ist Alpha, der Anfang, der Erste. Was für ein Anspruch! Eher als die großen Reiche der Ägypter, Babylonier, Griechen und Römer war Er. Vor den frühen Zeitaltern, die die Geologen zu bestimmen versuchen, vor der Milchstraße, dem Siebengestirn, den ganzen Sonnensystemen!

Er ist aber auch das Omega, das Ende, der Letzte. Welch eine selige Gewißheit. Obwohl in Dantes großem Werk viel Trauriges vorkommt, nannte er es „Die göttliche Komödie“, weil er davon ausging, daß alles durch Gott zu einem glücklichen Ausgang kam. Weil Jesus Christus sowohl das Ende als auch der Anfang ist, Omega wie auch Alpha, wird schließlich ewiges Glück und ewiger Segen unser Teil sein.

Die Zeit wird sowohl als Tyrann als auch als Freund empfunden. Sie schreibt Falten in unser Gesicht, färbt uns die Haare weiß (wenn sie sie nicht ganz ausfallen läßt), schwächt unser Sehvermögen und mindert unsere Kraft. Aber die Zeit kann auch ein Berichtiger von Irrtümern sein, ein Bestätiger der Wahrheit, ein Befreier von Sorgen, ein Heiler von Wunden und ein guter Lehrer. Andrew Marvell beschreibt das unbarmherzige Dahineilen der Zeit mit den unvergeßlichen Zeilen: „Ich höre, wie die Streitwagen der Zeit von hinten immer näher an mich heranrollen."

Aber Jesus hat keinen Anfang und kein Ende. Er ist ewig. Sogar unsere Kalender sprechen von Seiner Überlegenheit über die Zeit.

Unser Titel hat eine weitere faszinierende und inspirierende Dimension. Das Alphabet stellt Ganzheit und Vollständigkeit dar. Es ist eine unerschöpfliche Quelle, aus der jeder schöpfen kann. Dieselben 26 Buchstaben, die Shakespeare verwandte, um seine großen Dramen zu schreiben, wurden von Liebenden gebraucht, um ihre stürmischen Gefühle auszudrücken, von Richtern, um Urteile zu sprechen, von Staatsführern, um sich an das Volk zu wenden, von Eltern, um ihr Kinder anzuleiten. Jesus Christus ist unser Alpha und Omega, unsere Quelle und Inspiration für unser ganzes Leben.

Er ist unser Alpha und Omega. Er ist der Herr unserer Anfänge und Enden. Er ist da an den Anfängen unseres Lebens: bei der Geburt, bei den ersten wackligen Schritten, beim Schulanfang und Beginn des Studiums, beim Einstieg ins Berufsleben, vor dem Traualtar, wenn das erste Kind kommt, bei allen neuen Unternehmungen und Neuanfängen.

Er ist auch an den Enden da: wenn wir das Haus verlassen, wenn wir eine Aufgabe abgeschlossen haben, wenn ein Abschnitt des Berufslebens zu Ende geht, wenn wir einen Ort oder Freunde verlassen, wenn wir einen Nahestehenden verlieren, wenn wir in Rente gehen und wenn wir diese Erde verlassen.

Wir ziehen Trost und Ermutigung aus diesem Titel und der Zusicherung, daß unsere Zeit in den Händen des Ewigen liegt, daß unser Leben in Ihm Erfüllung findet und daß Er der Herr unserer Anfänge und Enden ist.

Ewiger Christus, sei das Alpha und Omega auch in meinem Leben. Sei mit mir in all meinen Anfängen und Enden.

2

Starker Gott

„Man nennt Ihn ... starker Gott.“
(Jesaja 9,5)

Viele haben versucht, der Macht dieser Aussage auszuweichen. Jedoch bestätigen Bibel, Geschichte und menschliche Erfahrung diese heilige Wahrheit.

In seinem Evangelium gebraucht Johannes Einführungsworte, die drei übernatürliche Wahrheiten in bezug auf Jesus Christus ausdrücken:

1. Er war ewig existent: „Am Anfang war das Wort.“
2. Er war in Gemeinschaft mit Gott: „Das Wort war bei Gott.“
3. Er war Gott: „Das Wort war Gott.“

In der gleichen Einleitung lesen wir: „Alles ist durch das Wort geworden, und ohne das Wort wurde nichts, was geworden ist“ (Johannes 1,3).

Die gleiche Wahrheit wird in Kolosser 1,16 durch Paulus aufgenommen, wo er von Jesu Schöpfungshandeln spricht. Bevor Er auf die Erde kam, schufen Seine Hände die Sonnensysteme. Er machte die Sonne zu einem glühenden Ball und setzte die Sterne auf ihre Laufbahn.

> Es waren Seine heiligen Hände, die die Erde formten,
> auf der die Dornen wuchsen,
> die Sein Haupt umkränzten.
> Die Nägel, die durch Seine Hände getrieben
> wurden, waren aus Erz gefertigt, das Er bereitet hatte.
>
> Er schuf die Wälder, aus denen das Holz kam,
> an dem Sein Leib hing.
> Das Kreuz stand auf einem Hügel,
> den Er geschaffen hatte.

Die Sonne, die ihr Angesicht vor Ihm verbarg,
war von Ihm in den Weltraum gesetzt worden.
Der Wolkenhimmel, der sich verdunkelte,
war von Ihm über der Erde ausgebreitet worden.

Der Speer, der Seine Seite öffnete,
daß Sein Blut herausfloß,
wurde im Feuer geschmiedet,
das von Ihm erdacht worden war.
Das Grab, in das Er gelegt wurde,
war in einen Felsen gehauen,
den Seine Hand gemacht hatte. F.W. Pitt

Er schuf nicht nur den Makrokosmos mit den unvorstellbaren Entfernungen, sondern auch den Mikrokosmos mit den kleinsten Teilchen. Er fertigte die Augen der Insekten an, entwarf die feine Geometrie der Schneeflocke und formte den Kelch der Lilie. Er ist der Eine, der alles wunderbar geschaffen hat, im Kleinen wie im Großen.

Er ist der Starke, der Mächtige. Er hatte Herrlichkeit und Glanz, bevor Er auf die Erde kam. Er war mächtig bei Seiner Geburt, mit der die Zeit von der Ewigkeit angetastet und zweigeteilt wurde. Er war stark in Seinem Dienst und bei Seinen großen Wundern. Er war mächtig in Seiner Lehre, in der Er die unvergänglichen Wahrheiten des Reiches in unvergleichliche Worte kleidete, die die Menschen nicht vergaßen.

Er war stark in Seinem Tod, als Er uns vor der Hölle rettete, die wir verdient hatten, und durch den Er uns zu Erben des Himmels machte, auf den wir kein Anrecht hatten. Er war stark bei Seiner Auferstehung, als Er den letzten Feind des Menschen überwand. Und Er wird mächtig sein, wenn Er wiederkommt in Seiner unbeschreiblichen, übernatürlichen Herrlichkeit.

Starker Gott, der Du die weiten Räume des Universums hältst, danke, daß Du auch mein kleines, zerbrechliches Leben in Deinen starken Händen hältst.

3

Vater in Ewigkeit

„Man nennt ihn ... Vater in Ewigkeit.“
(Jesaja 9,5)

Diese Bezeichnung beziehen wir gewöhnlich auf die erste Person der Gottheit, den Vater, aber hier gehört dieser Titel Christus. Der Urtext gebraucht hier das Wort „Vater“ nicht in seiner gewöhnlichen Bedeutung, sondern es ist hier der Gedanke von „Urheber“ oder „Besitzer“ im Vordergrund. Eine genauere Wiedergabe der Übersetzung ist „Vater der Ewigkeit“. Der Vers spricht von Christus als dem Ewigen und Einen, der die Ewigkeit in Seinem Besitz hat. Unendliche, unauslotbare Ewigkeit ist Sein.

Wenn wir uns die Ewigkeit vorstellen wollen, stoßen wir an die Grenzen unseres Verstandes. Jesus war schon immer existent, Er hatte keinen Anfang. Als Gott ist Er der große Urheber aller Dinge. Wenn wir durch den dunklen Korridor der Zeit zurückgehen könnten, würden wir am Anfang Jesus mit dem Vater sehen. Er war da, bevor das Weltall geschaffen wurde. Er ist der Eine, der ohne Anfang ist.

Jahrhunderte nach Jesaja erklärte der Apostel Paulus: „Er ist vor aller Schöpfung“ (Kolosser 1,17). Im gleichen Zusammenhang erklärt er uns, daß alle Dinge durch Christus geschaffen wurden (Vers 16).

Unsere Zeitrechnung ist in die Zeit vor und nach Christus unterteilt. Wir schreiben daher „v. Chr.“ (= vor Christus) und „n. Chr.“ (= nach Christus).

Aber Paulus spricht hier sozusagen von „v. d. W.“ (= vor der Weltzeit). Jesus bezog sich selbst auf Seine vorweltliche Herrlichkeit, als Er Seinen himmlischen Vater bat: „Verherrliche Du Mich jetzt bei Dir mit der Herrlichkeit, die Ich bei Dir hatte, bevor die Welt war“ (Johannes 17,5).

Gewöhnlich fragen die Menschen: „Wer WAREN Buddha und Napoleon?“, aber meistens: „Wer IST Jesus Christus?“

Jesus ist nicht nur Herr der Vergangenheit und Gegenwart,

sondern als Besitzer der Ewigkeit ist Er auch Herr der Zukunft und hält sie in Seinen Händen. Jesus, der Zeitlose, ist Herr aller Zeiten. Wir mögen nicht wissen, was die Zukunft bringt, aber wir wissen, wer sie in seinen Händen hält.

In einem der alttestamentlichen Texte, der wie eine majestätische Bergspitze die Landschaft überragt, lesen wir: „Überdies hat Er die Ewigkeit in alles hineingelegt" (Prediger 3,11). Überall um uns herum hat Gott Zeichen unserer Unsterblichkeit aufgestellt. In uns gibt es ein nicht nachlassendes Verlangen, über den momentanen Horizont hinaussehen und gelangen zu können.

In uns ist eine Ahnung, daß wir für etwas da sind und eine Bestimmung haben. Auf dem Bildschirm unserer Vorstellungswelt erscheinen in besonderen Momenten Bilder, die Ewigkeitsrufe sind. Diese Ewigkeitsdimension hat Gott in uns hineingelegt.

Können wir mit Francis Thompson übereinstimmen?:

> Ja, hin und wieder ertönen Trompetenstöße
> von den verborgenen Zinnen der Ewigkeit.

In diesem Zusammenhang möchte ich noch auf eine bewegende Wahrheit hinweisen, die uns Paulus mitteilt: „Die Gabe Gottes aber ist das ewige Leben in Christus Jesus, unserem Herrn" (Römer 6,23). Was für eine frohe Zukunft: Jesus Christus teilt die Ewigkeit mit uns!

Weil Jesus Christus ewig ist und Er uns zu Miterben gemacht hat, werden wir die Ewigkeit mit Ihm verbringen. Die kurze Zeit unseres Erdenlebens ist nur ein Vorspiel und eine Vorbereitung für ein höheres Leben, das jenseits ist. Unser Leben ist umfassender und länger, als wir uns erträumen. Es gehört viel mehr zum Leben, als das, was unsere Augen jetzt sehen. Laßt uns deshalb in enger Verbindung mit dem Einen stehen, den Jesaja „Vater der Ewigkeit" genannt hat.

„Ewiger Christus, hilf mir, so durch die zeitlichen Dinge zu gehen, daß ich nicht die Dinge, die ewig sind, verpasse.

4

Hochbetagter

„Da wurden Throne aufgestellt, und ein Hochbetagter nahm Platz.“
(Daniel 7,9)

Dreimal wird dieser Titel im 7. Kapitel des Buches Daniel gebraucht, davon zweimal für Christus (Verse 9 und 22) und einmal für Gott, den Vater (Vers 13).

Wir leben unter der Diktatur der Uhr und des Kalenders. Unser Erdenleben stellt jedoch nur eine kurze Episode der Ewigkeit dar. Bei Gesundheit und unter guten Umständen leben wir sieben Jahrzehnte oder auch noch ein paar Jahre länger, aber dann kommt der Tod.

Christus aber ist der Herr der Zeit. Durch Ihn, der in einer Stallkrippe geboren wurde, wurde die Zeit in zwei Teile getrennt. Im Jahre 525 gruppierte Dionysius Exiguus erstmals die Menschheitsgeschichte um dieses wichtige Ereignis herum – die Geburt Jesu. Jedesmal, wenn wir ein Datum schreiben, bezeugen wir, daß die Menschheitsgeschichte in besonderer Weise mit Jesus Christus verbunden ist. Die Zeit ist dem souveränen Einen untergeordnet, der schon immer da war und der als „der Hochbetagte“ bezeichnet wird.

Wollen wir mit Robert Grant unseren Herrn loben:

> O preist den herrlichen König droben
> und singt dankbar
> von der wunderbaren Liebe dessen,
> der unser Schild und unser Beschützer ist.
> Er, der „Hochbetagte“, altert nicht
> und ist in Herrlichkeit und Lobpreis gekleidet.

Ewiger Gott, wie beruhigend ist es für mich, mit dem Psalmisten sagen zu dürfen: „Meine Zeit steht in Deinen Händen!“

5

Ebenbild des unsichtbaren Gottes

„Er ist das Ebenbild des unsichtbaren Gottes."
(Kolosser 1,15)

Mit dem griechischen Wort „eikon", das in obigem Vers mit „Ebenbild" übersetzt wird, hat es etwas Besonderes auf sich. Es ist eines der Worte des Griechischen, das schwierig zu übersetzen ist, weil es kein gleichbedeutendes Wort in unserer Sprache gibt. Es ist dasselbe Wort, das auch in 2. Korinther 4,4 Verwendung findet, wo von Christus als dem Ebenbild Gottes gesprochen wird. Obwohl es Gleichheit mit beinhaltet, geht die Bedeutung darüber hinaus.

Es drückt mehr aus als eine zufällige Ähnlichkeit, wie wir sie manchmal bei Personen erleben. Es stellt auch mehr als künstliche Nachahmung dar. Es trägt den Gedanken eines Originals oder einer Urform, nach welchen ein Bild gemacht ist.

Beim Studium dieses Textes können wir Bischof Ligthfoot für seinen aufschlußreichen Kommentar dankbar sein. Er schreibt: „Über die offensichtliche Bedeutung von Ähnlichkeit hinaus, enthält dieses Wort ‚Ebenbild' den Gedanken der Vertretung und Verkörperung."

Christus als Ebenbild Gottes ist auch die Verkörperung Gottes. Er besitzt alle wesentlichen Eigenschaften der Gottheit. So wie bei der Untersuchung eines Meerestropfens die gleichen Elemente erkannt werden, wie sie im großen Meer vorhanden sind, so repräsentiert Christus in menschlicher Form die wesentlichen Eigenschaften der Gottheit. In Ihm sehen wir die Liebe Gottes, die Gerechtigkeit Gottes, das Gericht Gottes, die Reinheit Gottes und die Kraft Gottes.

Christus war die sichtbare Manifestation des unsichtbaren Gottes. Zu Philippus sagte Er: „Wer Mich gesehen hat, hat den Vater gesehen" (Johannes 14,9).

Er war die Verkörperung der Gottheit. Er war Gott in menschlicher Gestalt. Er war Gott, der in der Sprache des gewöhnlichen Menschen sprach. Er war Gott, der verstanden werden konnte.

Jesus gibt uns eine Vorstellung davon, wie Gott ist. Unsere Gedankenwelt konnte sich keinen edleren Gedanken, unser Intellekt kein höheres Konzept und unsere Seele kein erhabeneres Bild ausmalen, als es uns Christus gibt. Er ist Gottes Selbstoffenbarung.

Es gibt zwei andere Titel, die eng mit diesem zusammenhängen. In Hebräer 1,3 wird Christus der „Abglanz Seiner Herrlichkeit" genannt. Wir können nicht direkt in die strahlende Mittagssonne blicken, aber ihre Strahlen und ihre Wärme geben uns eine Vorstellung, wie die Sonne sein muß. Christus war der Strahl, der die dunkle Erdatmosphäre durchbrach und den Menschen befähigte, etwas von der Herrlichkeit und dem Glanz des ewigen Lichts zu erahnen.

Ebenfalls in Hebräer 1,3 finden wir, daß Christus das „Abbild Seines Wesens" genannt wird. Im Grundtext steht hier das griechische Wort „charakter". Es war das Wort, mit dem man den Siegeleindruck auf Wachs oder Ton bezeichnete. Jesus als der Charakter Gottes ist der wahrhaftige und bis ins einzelne gehende Abdruck des Wesens Gottes. In Seinem Leben und Dienst sind alle Wesenszüge der Gottheit offenbar geworden.

Catherine Bairds Worte drücken in feiner und andächtiger Weise aus, wie Gott in Christus als Liebe offenbar wird:

> O Liebe, die sich in Christus auf Erden offenbarte,
> ich war blind, daß ich dich nicht erkannte.
> Aber dann gab mir Jesus Licht,
> so daß ich dich sah.
>
> O Liebe, die ich zuvor nicht erkennen konnte,
> jetzt weiß ich von dir und verlange nach dir.
> Wenn Jesus spricht, spüre ich dich,
> und wenn ich mich Seinem Angesicht zuwende,
> bist du ganz nah.

Ewiger Christus, ich danke Dir, daß Du Gott für mich erkennbar gemacht hast und daß ich Dich in der Menschheitsgeschichte und in meinem Herzen erkennen durfte.

6

Erstgeborener der ganzen Schöpfung

„Er ist ... der Erstgeborene der ganzen Schöpfung.“
(Kolosser 1,15)

Dieser große Titel stand und steht im Kreuzfeuer der neutestamentlichen Theologie. Schon in der Frühkirche war ein Todfeind des christlichen Glaubens aufgekommen, nämlich der Gnostizismus. Er hat Verwandtschaft mit dem heutigen Synkretismus, der sich immer mehr ausbreitet.

Die Gnostiker von Kolossä waren geneigt, Vorstellungen aus Philosophien und anderen Religionen auf eine Ebene mit der christlichen Wahrheit zu stellen und sie gemeinsam in ihre Lehre hineinzunehmen. Manche mögen dies als nicht so schwerwiegend angesehen haben, aber Paulus wußte, daß hier die Lebensader des christlichen Glaubens getroffen wurde, denn damit wurde Christi Vorrang beseitigt.

Paulus weist diese Irrlehre ab und begründet die Vorherrschaft Christi als zentralen Punkt seiner Theologie. Christus ist nicht nur eines unter vielen von Gott stammenden Wesen, sondern Er ist Herr und Souverän über alle. Das soll unser Titel ausdrücken: Er ist „der Erstgeborene der ganzen Schöpfung“.

Während Paulus fortfährt, in klaren Worten die Vorherrschaft Christi zu beschreiben, formt er eine der erhabensten christologischen Passagen der ganzen Heiligen Schrift:

> Er ist das Ebenbild des unsichtbaren Gottes,
> der Erstgeborene der ganzen Schöpfung.
> Denn in Ihm wurde alles erschaffen
> im Himmel und auf Erden,
> das Sichtbare und das Unsichtbare,
> Throne und Herrschaften, Mächte und Gewalten.
> Alles ist durch Ihn und auf Ihn hin geschaffen.

Er ist vor aller Schöpfung,
in Ihm hat alles Bestand.
Er ist das Haupt des Leibes,
der Leib aber ist die Gemeinde.
Er ist der Ursprung,
der Erstgeborene der Toten;
so hat Er in allem den Vorrang.
Denn Gott wollte mit Seiner ganzen Fülle
in Ihm wohnen,
um durch Ihn alles zu versöhnen.
Alles im Himmel und auf Erden
wollte Er zu Christus führen,
der Friede gestiftet hat
am Kreuz durch Sein Blut.

Kolosser 1,15-20

Das Wort „Erstgeborener" ist die Übersetzung des griechischen Wortes „prototokos". Das Wort beschreibt zwei ewige Facetten Christi. Es erklärt, daß Er das Haupt der Schöpfung ist. „Erstgeborener" bezieht sich hier nicht auf das Alter, sondern auf den Vorrang vor allen anderen.

Und es spricht von Seiner Vorexistenz, Seiner Ewigkeit. Er ist derjenige ohne Beginn und Ende. Er war schon immer. Vor den Erdzeiten, bevor die Sterne auf ihren Kurs gesetzt wurden, war Christus bereits. Er ist der Zeitlose, der alles in Seinen Händen hält. Unser begrenzter Verstand kann diesen unbegrenzten Aspekt Christi nicht begreifen. Wir können nicht fassen, wie Gott und Christus schon immer dagewesen sein können, ohne jeden Anfang. Wenn der Endliche den Unendlichen begreifen könnte, wäre er selbst unendlich.

Edwin M. Stanton, Heeresminister, kniete am Bett einer hageren, abgezehrten Gestalt. In dem historischen Augenblick, als Lincoln seinen letzten Atemzug getan hatte, stand Stanton auf und sagte: „Nun gehört er der Ewigkeit an." Diese Worte, aber in größerer, absoluter Weise, sind in bezug auf Christus gültig. Er gehört der Ewigkeit an, weil Er ewig ist. Er kann nicht einer bestimmten Ära oder Epoche zugerechnet werden. Er ist der Ewige. Sein kurzer Erdenaufenthalt war nur ein Augenblick, ein kleiner Zeitteil Seiner ewigen Existenz.

Das Wort „prototokos" spricht vom Zuerstkommen vor aller

Schöpfung. Das entsprechende hebräische Wort im Alten Testament stimmt darin überein, daß es den Vorrang des Erstgeborenen bestätigt, der zum Erbe und zur Herrschaft bestimmt ist (siehe Psalm 89,28).

Christus mußte den Vorrang vor allen Dingen haben. Augustinus schrieb: „Christus wird überhaupt nicht gewürdigt, es sei denn, Er wird über alles gesetzt." Christus ist überhaupt nicht Herr, wenn Er nicht Herr über alles ist. Manchen Menschen bedeutet Jesus nichts, anderen nur etwas, und dann gibt es aber auch die, denen Jesus alles ist. Laßt uns zu letzteren gehören.

Herr Jesus, Du sollst die Vorherrschaft über alles in meinen Leben haben.

7

Erbe des Alls

„In dieser Endzeit aber hat Er zu uns gesprochen durch den Sohn, den Er zum Erben des Alls eingesetzt und durch den Er auch die Welt erschaffen hat.“
(Hebräer 1,2)

Die Größe und die Herrlichkeit dieses Titels sind von unserem begrenzten menschlichen Verstand kaum zu erfassen. Das Erbe Christi hat keinerlei Bedingungen oder Einschränkungen. Er ist Erbe aller Dinge.

Einen passenden Begleittext haben wir in Offenbarung 11,15: „Nun gehört die Herrschaft über die Welt unserem Herrn und Seinem Gesalbten; und Sie werden herrschen in alle Ewigkeit.“

Es war die Gewißheit dieser Wahrheit, die die Märtyrer in ihrer entscheidenden Stunde stützte und trug. Es ist die Wahrheit, die auch heute unseren evangelistischen Bemühungen neue Motivation verleihen kann: Es wird ein großer Krönungstag für den Einen kommen, der Herr der Herren und König der Könige ist!

Aufgrund welchen Rechts wird Christus Erbe aller Dinge? Unser Text erklärt, daß es zuerst aufgrund des Rechts des Verwandtschaftsgrads ist. Er ist Sohn Gottes. Das Wort „Erbe“ als Rechtsbegriff bezieht sich zunächst auf jemand, der zum Erbe aus natürlichem Recht kommt und nicht aufgrund eines verfügten Willens.

Nach unseren Erbgesetzen kommen, wenn der Erblasser verstirbt, ohne ein Testament verfaßt zu haben, die Erben nach der Blutsverwandschaft an die Reihe. Derjenige mit dem nächsten Verwandtschaftsgrad hat den Vorrang. Christi einzigartiges Verwandtschaftverhältnis der Sohnschaft gibt Ihm das natürliche Recht über das ganze Weltall Gottes.

Zweitens wird Christus aber auch Erbe aufgrund göttlicher Verfügung. Gott hat Christus als Erbe bestimmt. Gott ist der kosmische Vermächtnisgeber. Deshalb ist Christi Recht auf dieses Erbe unbestreitbar.

Christus hat aber auch das Recht auf Erbe des Alls aus Seinem eigenem Status der Vorherrschaft heraus. Er hat das Recht des Schöpfers. Einem Schöpfer gehört das, was Er geschaffen hat.

Eine andere herrliche Wahrheit der Schrift steht in bezug zu diesem großen Titel: „So bezeugt der Geist selber unserem Geist, daß wir Kinder Gottes sind. Sind wir aber Kinder, dann auch Erben. Wir sind Erben Gottes und sind Miterben Christi, wenn wir mit Ihm leiden, um mit Ihm auch verherrlicht zu werden" (Römer 8,16-17).

Halleluja! Er teilt das Erbe mit uns! Herrlichkeitswohnungen, Leben, das kein Ende hat, unbekannte Welten, unvorstellbares Wissen und Erkenntnisse, ewige Gemeinschaft mit Gott – all dies und mehr! Mehr als wir jetzt fassen können, wird unser sein: „Was kein Auge gesehen und kein Ohr gehört hat, was keinem Menschen in den Sinn gekommen ist: das Große, das Gott denen bereitet hat, die Ihn lieben" (1. Korinther 2,9).

Präsident Theodore Roosevelt hatte an einer Jagdsafari teilgenommen und ging in einem afrikanischen Hafen an Bord eines Schiffes, um die Heimreise anzutreten. Eine große Menschenmenge hatte sich angesammelt, um ihn zu verabschieden. Ein roter Teppich wurde vor ihm ausgerollt. Er bekam die beste Kabine des Schiffes. Auch auf der Reise stand er im Mittelpunkt.

Zur gleichen Zeit befand sich auch ein alter Missionar an Bord, der in Afrika sein Leben für Gott eingesetzt hatte. Seine Frau war gestorben, seine Kinder hatten ihr eigenen Familien, er stand allein. Keiner achtete auf ihn.

Als das Schiff in San Francisco ankam, gab es wieder ein großes Spektakel: Die Schiffssirene ertönte, Glocken läuteten, und die am Hafen versammelte Menschenmenge brach in Hochrufe aus, als Roosevelt in großer Aufmachung das Schiff verließ.

Aber keiner war da, um den Missionar zu empfangen. Er ging in ein bescheidenes Hotel und mietete ein Zimmer. Dort kniete er neben dem Bett nieder und betete: „Ich will mich zwar nicht beklagen, Herr, doch ich kann das einfach nicht verstehen. Ich habe in Afrika mein Leben für Dich eingesetzt, aber es scheint, daß niemand mich hier zur Kenntnis nimmt." Plötzlich war es, als ob der Herr Seinen Arm vom Himmel herabstreckte, dem alten Mann auf die Schulter legte und sagte: „Lieber Missionar, du bist noch nicht daheim!"

Ewiger Christus, mein Verstand stößt an seine Grenzen, wenn ich an Deine unendliche Liebe denke. Befähige mich dazu, ein würdigerer Erbe Deiner Verheißungen zu sein.

8

Abglanz Seiner Herrlichkeit

„Er ist der Abglanz Seiner Herrlichkeit.“
(Hebräer 1,3)

Die Herrlichkeit Gottes übersteigt unser Fassungsvermögen. Sie ist Teil des vollkommenen Wesens Gottes. Herrlichkeit schließt Schönheit, Majestät, Glanz, Pracht, Größe, Macht, Erhabenheit und Ewigkeit ein. Sie drückt auch Einmaligkeit aus, denn keiner ist Gott gleich.

Mose betete: „Laß mich doch Deine Herrlichkeit sehen!“ Unsere Kapazität ist jedoch begrenzt. Kein Mensch kann die unbeschreibliche Herrlichkeit und den wunderbaren Glanz des allmächtigen Gottes ertragen. Der große Gesetzgeber mußte, in einer Felsspalte stehend, damit zufrieden sein, einen kurzen Blick auf den Rücken dessen werfen zu können, der ewig in Majestät und Heiligkeit gekleidet ist und vor dem die Sonnen wie Kerzen sind.

Die Heilige Schrift berichtet uns, daß Gott in Christus Fleisch wurde: „Wir haben Seine Herrlichkeit gesehen“ (Johannes 1,14). Das vollkommene Leben Christi offenbarte die Herrlichkeit Gottes, soweit es für das menschliche Verständnis möglich war. Jesus war die Verkörperung des Wesens und der Eigenschaften der Gottheit. In Christus sehen wir Gottes Herrlichkeit.

James Irwin, Kommandant von Apollo 15, berichtete, daß er sich Gott nie so nahe gefühlt habe wie bei seinem Raumflug. Er erzählte, daß ihm, als er auf dem Mond umherlief, zum Bewußtsein kam, daß es das Größte der Weltgeschichte war, was hier geschah: ein Mensch wandelte auf dem Mond.

Und dann, so fügte Irwin hinzu, war es ihm, als ob der Herr zu ihm sprach: „Ich habe noch Größeres getan: Ich wandelte auf der Erde!“

Herr Jesus, danke für Deine Offenbarung der Herrlichkeit Gottes.

9

Abbild Seines Wesens

„Er ist ... das Abbild Seines Wesens.“
(Hebräer 1,3)

Der Schreiber des Hebräerbriefes beginnt sein tiefgründiges Buch mit einer Darstellung des Vorrangs Christi. Er spricht von Christi Beglaubigung als Gott, dem Schöpfer: „Durch den Er auch die Welt erschaffen hat.“ Er, der den See Genezareth gemacht hatte, konnte ihn auch glätten. Er, der Sehnerven und Netzhaut konstruierte, konnte dem Blinden auch das Augenlicht geben. Er, der das Trommelfell ins Ohr gesetzt hatte, konnte auch dem Tauben das Gehör geben. Er, der die Knochen anfertigte und die Muskeln über sie spannte, konnte auch die Person mit der lahmen Hand heilen.

Christus, der die staubigen Straßen Galiläas durchzog, war der Gott, der die Galaxien durchstreifte. Christus, der am See ein Feuer entzündete, um das Frühstück für die erschöpften und hungrigen Jünger zuzubereiten, hing Milliarden Sterne an den Nachthimmel und ließ sie aufleuchten. Er, der die Ausgestoßene bat, Ihm etwas zu trinken zu geben, hatte selbst die Flüsse, Seen und Meere mit Wasser gefüllt. Christus war Gottes Selbstenthüllung. In Jesus begab sich Gott in die Menschheit und in die Zeit hinein.

Das Standbild Lord Nelsons auf einer Säule auf dem Trafalgar Square in London ist so hoch, daß man Gestalt und Gesicht nicht gut erkennen kann. Man hat deshalb eine genaue Nachbildung in Augenhöhe aufgestellt, so daß jeder es sich leicht näher ansehen kann. Unser Herr kam auf die Erde, und an Ihm können wir sehen, wie Gott ist.

Herr, räume Du Hindernisse weg, die mich abhalten, mehr von Deiner Offenbarung und Deinem Willen für mich zu erkennen.

10

Wort

„Sein Name heißt: ‚das Wort Gottes.'"
(Offenbarung 19,13)

Die Geschichte hat bewiesen, daß das Geschriebene oft mächtiger ist als das Schwert. Worte haben Weltreiche bewegt, geknechteten Völkern Freiheit gebracht, haben den Verlauf der Geschichte nachhaltig geändert. Worte geben auch Hinweise auf die Person, die sie äußert. Sie geben Aufschluß darüber, wie die Person zum Leben steht.

Die Griechen hatten drei Worte für „Wort". Das eine meinte den stimmhaften Klang, das andere die sprachliche Äußerung. Das dritte aber ist dasjenige, das in unserem Text steht. Es ist eines der großen Worte des griechischen Neuen Testaments: „logos". Es beinhaltet auch, etwas auszudrücken, aber dabei ist auch Weisheit eingeschlossen. Hier wird mit „Wort" sozusagen ein Konzept oder eine Verkörperung eines Gedankens bezeichnet.

Dieses bedeutungsvolle Wort ist daher nicht leicht zu übersetzen. Die englische Moffatt-Übersetzung läßt es infolgedessen unübersetzt und gibt Johannes 1,1 so wieder:

> Der Logos existierte ganz am Anfang,
> der Logos war bei Gott,
> der Logos war Gott.

Als Wort wurde Gott in Christus hörbar. „Viele Male und auf vielerlei Weise hat Gott einst zu den Vätern gesprochen durch die Propheten. In dieser Endzeit aber hat Er zu uns gesprochen durch den Sohn" (Hebräer 1,1-2). Die Propheten waren mit einer graduellen Entfaltung der göttlichen Botschaft befaßt, nun aber gab Gott Seine eigentliche, umfassende Botschaft durch Seinen Sohn.

Christus wurde das entscheidende und endgültige Mittel der

Kommunikation zwischen Gott und Mensch. Durch Christus spricht Gott zum Menschen in einer neuen und lebendigen Sprache: der Sprache des Lebens Christi. Jesus ist Gottes höchste Mitteilung an den Menschen.

Unser Text in der Offenbarung spricht von dem, dessen Name „das Wort Gottes“ lautet und der ein blutgetränktes Gewand trägt. Wir werden daran erinnert, daß Christus Gottes Botschaft durch Seinen Opfertod verkündete. Das Kreuz war die Litfaßsäule, auf der Gott der Welt seine Amnestie für rebellische Sünder bekanntgab.

Als Wort wurde Christus der sichtbare Gott. Ein Wort offenbart, erhellt, erklärt. Es schließt uns das Denken des Redenden auf. Obwohl uns Jahrhunderte von Milton, Tennyson und Shakespeare trennen, zeigen uns die von ihnen überlieferten Worte ihre Gedanken und ihre Einstellung. Als Wort Gottes zeigt uns Christus das Herz und die Gedanken Gottes. Er entschleiert den geheimnisvollen Gott. Er macht den jenseitigen Gott diesseits wohnhaft bei den Menschen.

In Rom gibt es ein schönes Fresko-Gemälde von Guido. Es ist an einer Decke angebracht. Wenn man versucht, es von unten zu betrachten, wird einem bald der Hals steif, die Einzelheiten verschwimmen, und es wird einem schwindlig. Aber der Eigentümmer des Palastes hat unten einen großen Spiegel angebracht. Der Besucher kann sich nun vor den Spiegel setzen und ohne Schwierigkeiten das Fresko anschauen. So widerspiegelt Christus für uns den sonst unzugänglichen und unsichtbaren Gott. Er offenbart und zeigt uns Gott.

In seinem Evangelium teilt uns Johannes fünf einzigartige Wahrheiten über das Wort mit:

1. Seine Ewigkeit – „Am Anfang“.
2. Seine Gemeinschaft mit Gott – „bei Gott“.
3. Seine Gottheit – „war Gott“.
4. Seine Schöpfertätigkeit –
   „alles ist durch das Wort geworden“.
5. Seine Menschwerdung – „ist Fleisch geworden“.

Ein paar Jahre vor Christi Tod schrieb Philo, ein alexandrinischer Jude, ausführlich über den Begriff „logos“, wobei er griechisches und jüdisches Gedankengut behandelte. Aber Christus ist größer als seine Vorstellungen. Er füllt das Wort mit viel größerer Bedeutung.

Lebendiges Wort, während ich die Bilder Deines Lebens und Dienstes studiere, habe ich die Bitte: Offenbare mir mehr von Deiner Realität.

11

Geliebter Sohn

„Er hat sie (Seine herrliche Gnade) uns geschenkt in Seinem geliebten Sohn."
(Epheser 1,6)

In diesem zärtlichen Titel kommt Gottes Liebe zu Seinem Sohn zum Ausdruck. Sowohl bei Jesu Taufe als auch auf dem Berg der Verklärung war Gottes Stimme zu hören: „Das ist mein geliebter Sohn!" (Matthäus 3,17; 17,5). Bei beiden Malen, als der Vorhang des Himmels ein wenig aufgezogen wurde, erfolgte diese Aussage. Es gibt keinen Ausdruck, der so passend die Beziehung zwischen Gott, dem Vater, und dem Sohn ausdrückt, wie „geliebter Sohn".

Christus ist der von Gott Geliebte. Er ist von Gott in alle Ewigkeit geliebt. Gottes Liebe übersteigt alle menschliche Liebe. Letztere ist im Vergleich zur göttlichen wie eine flackernde Kerze gegenüber der glühenden Sonne. Das Wort „geliebter", das sich auf Gottes Liebe zu Christus bezieht, kleidet die höchste und erhabenste Liebe des Universums in ein einziges Wort.

In unserem Text schließt sich daran eine weitere gesegnete Wahrheit an: Weil Gott Christus mit solch unendlicher Liebe liebt, werden wir durch das, was Christus für uns tat, von Gott angenommen.

Angenommensein bildet einen wichtigen Teil unseres Lebens. Der Gegensatz, Ablehnung, kann das Leben einsam und verzweifelt werden lassen. Die Menschen unternehmen sehr viel, um akzeptiert zu werden. Unser Text sagt uns, daß wir in dem geliebten Sohn angenommen sind. Nicht etwa deswegen, weil wir etwas vorzuweisen hätten, sondern aufgrund des Opfers, das Christus für uns brachte.

Es ist interessant, zu beobachten, wie Paulus seine Bezeichnungen für Christus in diesem Abschnitt wechselt. Er gebraucht „Christus Jesus", „der Herr Jesus Christus", „Christus" und „Jesus Christus." Dann aber wechselt er plötzlich zu „geliebter Sohn".

Warum wechselt er die Bezeichnung? Weil er gerade über die außerordentlichen Segnungen Gottes, die wir erfahren dürfen, gesprochen hat: von der Erwählung zur Heiligkeit, von der Liebe Gottes, von der Annahme an Sohnes statt und von allem Segen Seines Geistes.

Und dann will er Betonung darauf legen, daß alle diese Dinge, vor denen wir staunend stehen, Gott für uns bereit hat und sie unser werden durch die Liebe zu Seinem Sohn und was Er für uns getan hat.

Unsere Annahme durch Gott und Seine Freigebigkeit fällt uns zu in dem „geliebten Sohn". Dieser Titel ist der Schlüssel des Geheimnisses der Gnade Gottes für uns. Darin liegt der Grund für all das Gute und die Gnade und schließlich auch die Herrlichkeit, die Gott uns gewährt.

Herr Jesus, Du Geliebter Gottes, danke für die Annahme, die mir aufgrund Deines Opfer gewährt wird.

12

Einziger Sohn

***„Denn Gott hat die Welt so sehr geliebt,
daß Er Seinen einzigen Sohn hingab."***
(Johannes 3,16)

Diese Bezeichnung entnehmen wir einem der beliebtesten Texte der Bibel. Johannes 3,16 bezeichnet man als das Evangelium in Kurzfassung. Dieser Vers bildet einen der hohen Gipfel der ewigen Wahrheiten im Wort Gottes und verkündigt die unendliche Liebe Gottes in endlichen Worten.

Der Text spricht zuerst von der ersten göttlichen Person, von Gott, dem Vater: „denn Gott". Hier wird die gewaltigste und höchste Wirklichkeit angesprochen, unser himmlischer Vater.

Der Vers spricht zu uns von der göttlichen Leidenschaft: „hat ... so sehr geliebt". Es ist schon schwerverständlich genug, daß Gott uns liebt. Aber dieser Vers spricht von einer starken Liebe zu uns.

Er spricht zu uns von göttlicher Fürsorge: „Er gab." Er möchte uns gute Dinge zukommen lassen, möchte uns Gnade und Segen in großer Fülle schenken.

Er spricht zu uns von dem großen göttlichen Opfer: „Seinen einzigen Sohn." Die NIV-Übersetzung spricht vom „einzigen und alleinigen Sohn". Hier wird die einzigartige, besonders kostbare Beziehung zwischen dem Vater und dem Sohn angesprochen.

Wir denken oft über das Opfer des Sohnes nach, aber dieser Vers erinnert uns daran, daß auch der Vater ein Opfer brachte, indem Er Seinen Sohn aufgeben mußte. Auf menschlicher Ebene sind wir sehr verletzt, wenn einer, den wir lieben, leiden muß. Was sich im Leben von Personen ereignet, die wir lieben, hat einen hohen Rang auf der Richterskala unserer Herzen.

Gott hat ein großes Opfer gebracht, als Er Seinen Sohn für die Welt dahingab. 33 Jahre lang war die Gottheit sozusagen verarmt, als unser Herr das Haus des Vaters verlassen hatte, um sich zu erniedrigen und die Begrenztheiten und Schwächen des Menschenlebens auf sich zu nehmen. Wir können uns nicht vorstellen, wie Gott der Vater litt, als Seinem Sohn auf Golgatha Unrecht und Gewalt angetan wurde und Er schließlich den Tod erleiden mußte.

Es war Sein einziger Sohn. Und der Sohn war Liebe, Reinheit und Gerechtigkeit. Trotzdem mußte Gott mit ansehen, wie Sein Sohn verhöhnt und schändlich und grausam behandelt wurde. Manche nehmen an, daß die Finsternis, die bei der Kreuzigung auftrat, deshalb geschah, weil Gott nicht den Anblick des unausprechlichen Leidens Seines Sohnes mit ansehen konnte.

Und für wen war dieses große Opfer? Unser Text nennt den Personenkreis: „Jeder, der an Ihn glaubt." Denken Sie immer wieder darüber nach, der Sie ein gläubiger Christ sind: das alles geschah für Sie! Gott liebt Sie, brachte das größte Opfer für Sie und gab Ihnen das ewigen Leben!

Das Lied von Frederick Lehman, „Die Liebe Gottes", versucht, diese Wahrheit auszudrücken:

Gottes Liebe ist viel größer
als Worte es beschreiben können.
Sie reicht zu den höchsten Höhen
und zu den tiefsten Tiefen.
Sie geht so weit,
daß sie den Sohn gab,
und Er für uns starb.
Er versöhnt die Abirrenden
und vergibt ihnen ihre Schuld.

Wenn das Meer voll Tinte wäre
und der Himmel ein riesiges Pergament,
und jeder könnte darauf
über die Liebe Gottes schreiben:
Das Meer würde trockengelegt,
und das Pergament reichte nicht aus,
alles zu fassen.

Himmlischer Vater, Deine Liebe übersteigt alles menschliche Verstehen, aber sie erfaßt mein Herz, und ich will in ihrer Erwiderung Dir mein Leben hingeben.

13

Gott

„Thomas antwortete Ihm: ‚Mein Herr und mein Gott.‘“
(Johannes 20,28)

In einem seiner bekannten Lieder führt uns Charles Wesley zu einer Erklärung und einer Frage:

> Wie erfüllt mich doch diese Liebe mit
> Verwunderung! Wie kann es sein, daß Du,
> o Gott, für mich starbst?

Die Göttlichkeit Jesu, durch die Schrift bezeugt, ist eine Säule christlicher Theologie. In Philipper 2,6 schreibt Paulus über Christus: „Er war Gott gleich“, genauer: „Er war in der Gestalt Gottes.“ Das Wort für „Gestalt“ ist das griechische „morphe“. Dieses Wort bedeutet aber nicht nur Gestalt oder Form, sondern es sind auch Wesen und Charakter eingeschlossen. Es wird also gesagt, daß Christus göttlicher Wesensgestalt oder Wesensart war.

Christus, der ewige Gott, kam auf die Erde und wurde Mensch, weshalb Paulus in Philipper 2,7 erklärt, daß Christus „den Menschen gleich“ war, d. h. „der äußeren Erscheinung nach als Mensch erfunden“ wurde. Das griechische Wort für „Erscheinung“ ist hier „schema“ und bezeichnet das, was von der Außenseite wahrgenommen wird.

In Christus waren Göttlichkeit und Menschlichkeit vereinigt. Johannes, der den engsten Kontakt mit unserem Herrn hatte, erklärt: „Das Wort war Gott“ (Johannes 1,1). Thomas, ein Jünger mit einer mehr praktischen Ausrichtung, bezeugt, als er den auferstandenen Christus sieht und berührt: „Mein Herr und mein Gott!“

Und Paulus trifft in Kolosser 2,9 die Feststellung: „Denn in Ihm allein wohnt wirklich die ganze Fülle Gottes.“ Im Titusbrief schreibt er, daß wir auf die selige Erfüllung unserer Hoffnung warten: „auf das Erscheinen der Herrlichkeit unseres großen Gottes und Retters Christus Jesus“ (2,13).

Auch die Geschichte bezeugt die Göttlichkeit Jesu Christi. Emerson behauptet, der Name Christi sei nicht nur in die Geschichte eingeritzt, sondern eingepflügt. Jesus lebte und predigte in einem Land von der Größe New Hampshires (vergleichbar mit Baden-Württemberg). Die Menschenmengen, die Ihm zuhörten, waren kleiner als jene, die heute bei größeren politischen Veranstaltungen zugegen sind. Aber die Geschichte konnte Ihn nicht in die Ecke stellen. Die kleine Provinz konnte Seinen Einfluß nicht einschränken.

Es war eine bewegende Erfahrung für mich, als ich das Kolosseum in Rom besuchte. Wir gingen an mehreren Abenden dorthin und verweilten an diesem Ort heiliger Geschichte. Hier wurden wilde Tiere auf die Christen losgelassen, während die blutrünstige Menge sich amüsierte.

An diesem Ort ist ein Kreuz aufgerichtet zu Ehren und zur Erinnerung an jene, die hier um ihres Glaubens willen den Märtyrertod erlitten. Das Kolosseum, wie es sich heute darstellt, ist aber nur ein Schatten von dem, was es einmal war. Die römische Herrlichkeit ist Vergangenheit, Christus hat aber eine unvergängliche Gemeinde gebaut. Er steht hoch über den Trümmern der Zeit und überragt alle Zeiten und großen Epochen der Weltgeschichte.

Die Göttlichkeit Jesu Christi wird außerdem durch die persönliche Erfahrung untermauert. Ein Mann, der sich frisch bekehrt hatte, wurde am Arbeitsplatz deswegen verspottet: „Nun sag mir nur, du glaubst die Geschichte, daß Jesus Wasser in Wein verwandelt hat?“ Der Mann antwortete: „Ich bin ja noch nicht so lange gläubig und habe das noch nicht gelesen, aber ich kann dir sagen, bei uns zu Hause hat Jesus Bier in Möbel verwandelt!“

Unzählige Menschen bezeugen eine große Veränderung, eine innere Kraft und einen Frieden, die das Werk des auferstandenen und mächtigen Christus sind.

Göttlicher Christus, befreie mich von engen Vorstellungen von Dir. Hilf mir, groß genug von Dir zu denken und Dir zu vertrauen und die Irrtümer eines kurzsichtigen Glaubens zu vermeiden.

14

Ich bin

„Amen, amen, Ich sage euch: Noch ehe Abraham wurde, bin Ich."
(Johannes 8,58)

Es ist eine weitreichende Selbstoffenbarung, die Jesus mit diesem Titel „Ich bin" gibt. Es ist ein Titel mit heiliger Geschichte.

Als Gott Mose berief, um die Israeliten aus Ägypten herauszuführen, hatte Mose eine Frage. Er wollte von Gott wissen, was er sagen sollte, wenn das Volk ihn fragte, wer ihn gesandt habe. In einem der großen Offenbarungsaugenblicke des Alten Testaments gibt Gott die Antwort: „Ich bin, der Ich bin" (andere Übersetzungen: „Ich werde sein, der Ich sein werde" oder „Ich bin der Ich-bin-da"). Gott weist also Mose an, dem Volk zu sagen, daß der „Ich bin der Seiende" (= eine weitere Übersetzungsmöglichkeit) ihn gesandt habe (2. Mose 3,13-14).

Es ist ein Titel, der die Ewigkeit Gottes bezeichnet. Das hebräische Wort für „Ich bin" ist im Imperfekt, in der unvollendeten Vergangenheit, und hat die Bedeutung: Ich war, ich bin und werde immer sein. Es drückt auch aus, daß Gott unabhängig und vollkommen ist. Er ist der Ursprung allen Seins. Der Titel vereinigt alle Attribute Gottes, die Sein ewiges und mächtiges Wesen repräsentieren.

Es war ein offenbarendes Ereignis: Jesus steht der wütenden Feindseligkeit Seiner Landsleute gegenüber. Sie beschuldigen Ihn, von Dämonen besessen zu sein. Auf Seine Entgegnungen hin fordern sie Ihn mit der Frage heraus: „Bist Du etwa größer als unser Vater Abraham? Er ist gestorben, und die Propheten sind gestorben. Für wen gibst Du Dich aus?" (Johannes 8,53).

Jesus antwortet ihnen: „Amen, Amen, Ich sage euch: Ehe Abraham wurde, bin Ich" (8,58).

Der Unterschied in der Zeitform der Verben ist hier bedeutsam: „wurde" (oder: war) und „bin". Jesus sagte praktisch: „Bevor Abraham in die Geschichte eintrat, war Ich schon vorexistent."

Die Zuhörer erkannten, daß Er damit Anspruch auf Göttlichkeit erhob, so daß sie Steine holten und Ihn zu Tode steinigen wollten. R. H. Strachan kommentiert passend: „Es war, als wenn wütende Wellen sich zu erheben versuchten, um die Sterne auszulöschen."

In Seinen letzten Stunden während der Verhandlung vor dem Hohen Rat wurde Jesus erneut auf Seine Identität angesprochen, indem man Ihm die Frage stellte: „Bist Du der Messias, der Sohn des Hochgelobten?"

Jesus, dem dieser Titel rechtmäßig zustand, entgegnete: „Ich bin es." Und dann fügte Er hinzu: „Und ihr werdet den Menschensohn zur Rechten der Macht (des Allmächtigen) sitzen und mit den Wolken des Himmels kommen sehen."

Seine Aussage löste eine heftige Reaktion aus: „Da zerriß der Hohepriester sein Gewand ... Und sie fällten einstimmig das Urteil: Er ist schuldig und muß sterben" (Markus 14,61-64).

Die starke, mit Gewalt verbundene Reaktion bei jedem Mal, bei dem Jesus diesen Titel beanspruchte, zeigt seine überaus große Wichtigkeit an: Er ist eine klare Proklamation des göttlichen Standes unseres Herrn. Er ist die Enthüllung Christi als Gott.

Ein deutscher Theologe schreibt in seiner wissenschaftlichen Auslegung der „Ich bin"-Aussagen Christi, daß das „ego eime" (Ich bin) eine Offenbarungsformel ist, die das wahre Wesen und Sein Christi umfaßt. Bei beiden Anlässen hat Christus eindeutig Seine Göttlichkeit erklärt.

Wir haben gesehen, wie Seine Feinde reagierten, als Jesus den Göttlichkeitsanspruch erhob, der in diesem Titel liegt. Wie reagieren wir? Akzeptieren und anerkennen wir Ihn wirklich als Gott? Lassen wir Ihn Herrscher über unser Leben sein? Können wir mit Thomas aus der Tiefe unseres Herzens rufen: „Mein Herr und mein Gott!"?

Herr Jesus, ich erkenne Deine Göttlichkeit mit meinem ganzen Sein an, das Du mir gegeben hast.

JESU LEBEN UND DIENST AUF ERDEN

15

Aufstrahlendes Licht aus der Höhe

„Durch die barmherzige Liebe unseres Gottes wird uns das aufstrahlende Licht aus der Höhe besuchen.“
(Lukas 1,78)

Die Tageszeit, von der ich besonders angetan bin, ist der Tagesanfang. Es ist faszinierend, zu beobachten, wie die Nacht dem zuerst noch schwachen Licht immer mehr weichen muß. Man sieht die ersten Anzeichen des Sonnenaufgangs: der Horizont färbt sich rot. Dann kommt der herrliche Augenblick, wenn die Sonne selbst auftaucht. Dieser große Feuerball wird immer mehr sichtbar und erscheint schließlich in seiner ganzen Pracht und durchdringt die Atmosphäre mit seinen lebenspendenden Strahlen und seiner Wärme. Das sieht Gott ähnlich: Er läßt den neuen Tag in außerordentlicher Schönheit entstehen!

Einer der schönsten Titel unseres Herrn ist „das aufstrahlende Licht aus der Höhe“. Er bedeutet buchstäblich „Sonnenaufgang“. Zacharias nimmt in seinem Lobpreis und seiner Weissagung auf die Prophetie Maleachis (3,20) Bezug, die durch Christi Geburt Erfüllung fand.

Es herrschte Dunkelheit, als Jesus, unser aufstrahlendes Licht, aus der Höhe kam. Er kam als der herrliche Sonnenaufgang, „um allen zu leuchten, die in Finsternis sitzen und im Schatten des Todes, und unsere Schritte auf den Weg des Friedens zu lenken“ (Vers 79).

Christen aller Denominationen singen Charles Wesleys bekanntes Lied:

> Christus, Deine Herrlichkeit erfüllt die Himmel,
> Christus, Du wahres und ewiges Licht,
> Sonne der Gerechtigkeit, gehe auf,
> triumphiere über die Schatten der Nacht.

Aufstrahlendes Licht aus der Höhe, sei uns nahe,
Morgenstern, komm in unser Herz.

Mit dem Liederdichter bete ich: „Fülle mich mehr und mehr mit Deinen göttlichen Strahlen bis zu jenem großen Tag."

16

Unfaßbares Geschenk

„Dank sei Gott für Sein unfaßbares Geschenk."
(2. Korinther 9,15)

Der Apostel Paulus kommt in seinem Brief an die Gemeinde in Korinth auf das Thema „Geben" zu sprechen. Er betont, daß es freiwillig und fröhlich geschehen soll und daß Gott für den Geber zu sorgen vermag. Der Christ soll deshalb nicht sparsam, sondern reichlich geben. Seine Ausführungen finden ihren Höhepunkt in der Erklärung, wie reich wir durch Gott beschenkt wurden und daß Jesus ein „unfaßbares Geschenk" für uns ist.

Was für ein passender Titel: Er ist Gottes Gabe an die Welt! „So sehr hat Gott die Welt geliebt, daß Er Seinen einzigen Sohn gab" (Johannes 3,16).

Charles Wesley ruft aus:

O hätt ich tausend Zungen nur,
zu rühmen Jesu Tat
und Seine göttliche Natur,
die Siege Seiner Gnad.

Aber alle unsere Worte können Gottes Geschenk in Seinem Sohn nicht richtig würdigen.

Der schon heimgegangene Albert Orsborn, internationaler Leiter der Heilsarmee und vielleicht der eindrücklichste Prediger in der Geschichte dieser Bewegung, mußte bekennen: „Es war mir ein Anliegen, in erste Linie die Bibel und Literatur über Jesus Christus zu lesen. Er war immer die überragende, leidenschaftliche Liebe meiner Seele. Ich stehe schon lange im Dienst und bete und predige und lege alles, was ich bin und habe, in die Botschaft hinein, aber ich werde nie meinem Ruf ganz gerecht werden. Ich werde sterben und habe die Botschaft nur teilweise und ärmlich dargeboten."

Ein kleines Kind hatte Schwierigkeiten einzuschlafen. Es

weinte in seinem Bett. Man brachte ihm sein Lieblingsstofftier und alle möglichen Dinge, von denen man annahm, daß es damit zufrieden sein würde. Als alle Versuche fehlschlugen, fragte der Vater: „Gibt es überhaupt noch etwas, das wir dir geben können, damit dein Weinen aufhört?“ Das Kind antworte: „Ja, daß du bei mir bleibst.“

Die größte Gabe, die wir einander geben können, sind wir selbst. Ein Dichter drückte es so aus: „Die Gabe ohne den Geber ist zu wenig.“ In der Gabe Christi gab sich Gott selbst der Welt. Es ist das höchste, teuerste und kostbarste Geschenk, das wir erhalten konnten: Wahrhaftig ein „unfaßbares Geschenk!“

Himmlischer Vater, der Du Dein Bestes für mich gegeben hast: Ich will Deine Liebe erwidern und mich Dir hingeben.

17

Gesalbter (Messias)

„Nun begreif und versteh: Von der Verkündigung des Wortes über die Rückführung des Volkes und den Wiederaufbau Jerusalems bis zur Ankunft eines Gesalbten, eines Fürsten, sind es sieben Wochen.“
(Daniel 9,25)

Biblische Personen werden mit einer Offenheit dargestellt, die auch ihre Fehler nicht unerwähnt läßt. Daniel jedoch ist einer der wenigen in der Heiligen Schrift, dessen Lebensschilderung keinen Makel aufweist. Über 70 Jahre lang diente er Gott treu in einem fremden Land und an einem heidnischen Hof. Er bewahrte während seines langen und segensreichen Lebens immer einen untadeligen Charakter. Das Geheimnis seines außerordentlichen Wandels war sein Gebetsleben.

Im 9. Kapitel finden wir sein bewegendes Fürbittgebet. Mit schon über 80 Jahren war er Vizepräsident im Palast eines der größten Weltreiche. Sein Herz hing aber nicht am Luxus des Palastes, sondern schlug für sein Volk. Er war ergriffen von der Not seiner Volksgenossen.

Gottes Antwort durch Gabriel ging über Daniels Bitte hinaus. Er hatte für das Volk, die Heilige Stadt und den Tempel gebetet, aber Gott wies auf den Einen hin, dessen Segen und Herrlichkeit weit über die Grenzen Jerusalems hinausgehen würde. Wie oft reichen Seine Erhörungen und Seine Fürsorge über das hinaus, wofür wir beten: In Beantwortung Seines Gebetes gewährte Gott dem Daniel eine Offenbarung des kommenden Messias!

Und in dieser Offenbarung ist der heilige Titel eingebettet. Es war die Person des Messias, auf die in der stillen zwischentestamentlichen Zeit die Erwartung der Menschen gerichtet war.

Das Wort „Messias“ bedeutet „Gesalbter.“ Die griechische Übersetzung von Messias lautet: „Christos“.

In der alttestamentlichen Zeit gab es drei Ämter, für die eine Salbung mit Öl geschah. Propheten, Priester und Könige wurden mit dieser Handlung in ihr Amt eingesetzt. Jesus, der Gesalbte Gottes, ist dies alles: König, Priester und Prophet.

Die Messiasoffenbarung, die David gewährt wurde, sprach nicht nur von Seinem Kommen, sondern auch vom Zeitpunkt, wann es geschehen würde. Es ist allgemein akzeptiert, daß hier von Jahrwochen die Rede ist, also daß mit jeder Woche sieben Jahre gemeint sind. Die 70 Wochen ergeben also 490 Jahre. Die Spanne beginnt mit der Zeit, als die Anordnung erging, daß Jerusalem wiederaufgebaut werden sollte.

Im Jahr 457 v. Chr. gab König Artaxerxes Esra den Auftrag, Jerusalem wieder aufzubauen. Die 69 Wochen (die letzte Woche wird gesondert geführt), von denen in Vers 25 die Rede ist, ergeben 483 Jahre, die uns von 457 v. Chr. in das Jahr 26 n. Chr. bringen. Man geht davon aus, daß in diesem Jahr Jesus getauft wurde, was Seine Einsetzung als Opfer für die Sünde darstellt.

Aber in dieser außerordentlichen Offenbarung an Daniel zeigte Gott nicht nur das Kommen und die Zeit des Messias an, sondern auch den Ablauf der Ereignisse, die mit Seinem Kommen zusammenhingen. Er wird in den Versen 24-27 angesprochen:

1. Der Frevel findet ein Ende.
2. Die Sünde wird versiegelt (d. h. das Maß der Sünde wird voll).
3. Ewige Gerechtigkeit wird gebracht.
4. Visionen und Weissagungen werden besiegelt (d. h. erfüllt).
5. Hochheiliges wird gesalbt: Christus, das neue Allerheiligste, wird das alte Heiligtum und den Tempel (im Gebet Daniels erwähnt) ersetzen.
6. ein Gesalbter wird umgebracht: Der Messias erfährt einen gewaltsamen Tod.
7. Verderben kommt über die Stadt Jerusalem und das Heiligtum (Zerstörung 70 n. Chr.).
8. Ein Bund wird geschlossen.
9. Schlacht- und Speisopfer finden ein Ende.

Alle Opfer sind nur Vorläufer des eines großen Opfers, so daß mit dem Tod des Gesalbten die Zeit der Opfer endet.

Christus, stille das Verlangen meines Herzens und erfülle Deine heiligen Absichten in meinem Leben.

18

Sohn Davids

„Stammbaum Jesu Christi, des Sohnes Davids."
(Matthäus 1,1)

Dieser Titel scheint uns heute nicht so bedeutungsvoll zu sein. In jenen Tagen jedoch, wenn von der Möglichkeit gesprochen wurde, daß jemand der Messias sein könnte, lautete die erste Frage: „Stammt er aus dem Hause Davids?"

Wer Anspruch auf den Titel des Messias erhob, mußte zunächst dieser Abstammungsvoraussetzung genügen. Jeder fromme Jude wußte, daß Gott durch Seine Propheten verheißen hatte, daß der Messias aus dem Geschlecht Davids kommen würde. Diese Abstammungslinie mußte also nachweisbar sein.

Unser Text offenbart aufs neue, daß das Gewebe der Geschichte mit den Fäden aus dem Webstuhl Gottes durchzogen ist. Matthäus, mit seiner Begabung für Einzelheiten, teilt den Stammbaum Christi in drei Teile von je 14 Generationen ein. Der erste Teil bringt uns von Abraham zu David, d. h. von den Erzvätern und Richtern in die Zeit der Königsherrschaft. Der zweite Teil geht von David bis zur babylonischen Gefangenschaft und stellt sowohl den Aufstieg als auch den Verfall des Reiches dar. Der letzte Teil dreht sich um die exilische und nachexilische Zeit: Israel hätte in dieser Epoche in Vergessenheit geraten können, wäre da nicht Gottes Fürsorge und Führung gewesen.

Es ist bemerkenswert, daß in all diesen Zeitabschnitten, von denen einige sehr krisenhaft und bedrohlich waren, Gott den Samen Abrahams und Davids bewahrte, aus dem Christus kommen sollte. Geschichte ist wirklich Gottes Geschichte!

Wenn wir uns Christi Stammbaum betrachten, fällt uns auf, daß vier Frauen erwähnt werden, die eine anstößige Vergangenheit haben. Ruth ist nicht rein jüdisch. Einige Namen betreffen Personen, die im Alten Testament gar keine Erwähnung finden. Wie wunderbar gebrauchte Gott auch diese scheinbar Unbedeutenden, um Seine Absichten auszuführen. Jeder Name war ein wichtiges Glied in Gottes Geschichtskette.

Der Titel steht auch in Verbindung mit der Menschwerdung Christi. Obwohl Er Gott war, wurde Er Mensch. Er wurde von einer irdischen Mutter zur Welt gebracht. Er war von Ewigkeit her, und doch wurde Er zu einem bestimmten Zeitpunkt der Weltgeschichte geboren. Er schuf die Welten und war umgeben von himmlischen Heerscharen, und doch kam Er herab, um innerhalb einer irdischen Familie auf Erden zu leben.

Viele haben von der Bilderbuchromanze zwischen Prinz Charles und Prinzessin Diana gehört. Ihre Eheschließung wurde als „Hochzeit des Jahrhunderts" propagiert, und fast die ganze Welt nahm an der entzückenden Liebesgeschichte des stattlichen Prinzen Charles und seiner blonden Lady Diana Anteil.

Ein großer Moment kam mit der Ankunft des neugeborenen Prinzen William, der als Thronfolger die stolze Tradition seiner Heimat fortsetzen sollte. Von Prinz William sagte man, daß er geboren wurde, um König zu werden.

Jesus wurde in die Menschheitsgeschichte hineingeboren, um König zu werden. Jedoch mußte Er zunächst in Niedrigkeit kommen und statt der Königskrone eine Dornenkrone tragen. Aber wenn Er wiederkommt als der König aller Könige, wird Er Herrscher sein über alle Reiche der Erde.

Christus überragt alle vor Ihm regierenden Fürsten. Sein Königtum bringt alle bisherige Königspracht zum Verblassen. Er bringt eine Herrlichkeit und Würde auf den Thron Davids, die unvergänglich ist und unvermindert bleibt.

Er, der der Sohn Gottes ist, wurde der Sohn (Nachkomme) Davids, damit wir Seine geistliche Abstammung bekommen und auf ewig Söhne Gottes sind.

Christus, ich bestaune Deine Liebe und danke Dir, daß Du es mir ermöglicht hast, in die große Familie unseres himmlischen Vaters hineingeboren zu werden. Befähige mich, immer Sein treues und liebendes Kind zu sein..

19

Trieb (Zweig, Schößling)

„Doch aus dem Baumstumpf Isais wächst ein Reis hervor, ein junger Trieb aus seinen Wurzeln bringt Frucht."
(Jesaja 11,1)

Isai (oder: Jesse) war der Stammvater von Königen. Salomo, Hiskia und Josia stammen von ihm ab, aber danach war die königliche Linie schließlich nur ein abgestutzter Baumstumpf. Jesaja weissagt hier jedoch, daß aus diesem Baumstumpf ein Zweig hervorwächst, der größer wird als alle anderen zuvor.

Gott sorgte dafür, daß die Wurzel des Familienstammbaums Jesses nicht verdorrte. Wie sie erhalten wurde, entnehmen wir den Stammbäumen in Matthäus und Lukas.

Dieser Titel offenbart Christi untrennbare Verbindung mit der Geschichte. Die vollkommen synchron verlaufenden Ereignisse bei Christi Geburt illustrieren auf eindrückliche Weise, daß die Geschichte Gottes Souveränität unterworfen ist.

Christi Geburt in Bethlehem war kein geographischer Zufall. Dieser Ort war schon Jahrhunderte zuvor von Micha als Geburtsort des Messias vorhergesagt worden. Aber Maria und Joseph lebten in Nazareth. Da mußte die Verordnung einer Volkszählung durch Kaiser Augustus kommen. Joseph reiste daher mit Maria, die fast am Ende der Schwangerschaft angekommen war, in seine Heimatstadt, um sich dort eintragen zu lassen. Der Name der Stadt? Im Buch Micha zu finden!

Das Evangelium sollte in der ganzen Welt verbreitet werden. Dies schien unmöglich zu sein. Die Schwierigkeiten sind heute, wo man in ein paar Stunden am anderen Ende der Welt sein kann, kaum noch richtig vorstellbar. Da waren Sprachbarrieren, Nationalitätenschranken und andere Hürden, die eine weitreichende Verkündigung auszuschließen schienen. Hier mußte nun Alexander der Große kommen, der der Welt seiner Tage eine gemeinsame Sprache (Griechisch) gab und damit der Ausbreitung der frohen Botschaft ein großes Hindernis nahm.

Aber man brauchte auch Straßen, damit man in andere Länder reisen und dort die Botschaft verbreiten konnte. Hier kommt Cäsar und mit ihm der Bau des weiten Straßennetzes des römischen Reiches ins Bild.

Die Geburt Jesu Christi in dieser „zufälligen" Zeit hat sich nicht einfach so ergeben. Viele Bewegungen und Ereignisse wurden dafür auf der Bühne der Geschichte arrangiert.

Daß Christus aus dem Geschlecht Isais kam, war ebenfalls kein abstammungsmäßiger Zufall: „Doch aus dem Baumstumpf ... wächst ein Reis hervor." Die Geschichte hat voraussagbare Elemente, weil sie unter der Souveränität Gottes steht und Er Aussagen über sie gemacht hat. Es gibt Weggabelungen, bei denen Gott eingreift.

Bei den umwälzenden Ereignissen unserer Tage gibt es uns Sicherheit, zu wissen, daß Gott die Geschichte beherrscht. Die Leute, die heute Bücher veröffentlichen, in denen sie davon sprechen, Gott sei tot, täten gut daran, über diesen göttlichen Faden nachzudenken, der in die Geschichte eingewebt und gut erkennbar ist. Gott ist nicht von der sogenannten postmodernen Welt abgeschnitten, sondern ist immer noch auf dem Thron.

Mit diesem Titel wird nicht nur Christi unwandelbare Oberherrschaft über den Verlauf der Geschichte angesprochen, sondern er erinnert auch an Christi Überlegenheit über die irdischen Monarchen. Die anderen Könige aus Davids Geschlecht wurden begraben, ihr Einfluß ist dahin. Im Vergleich zu Christi Herrschaft und Glanz versinken sie zur Bedeutungslosigkeit. Er hat unaussprechliche Herrlichkeit, Erhabenheit und Majestät.

Der Trieb, der aus dem Stumpf Jesses wächst, wird Fülle und Segen bringen wie kein anderer König. Deshalb fährt Jesaja fort: „An jenem Tag wird es der Sproß aus der Wurzel Isais sein, der dasteht als Zeichen für die Nationen. Die Völker suchen Ihn auf. Sein Wohnsitz ist prächtig" (11,10).

Der Prophet erklärt auch, daß das Kommen Christi ein Grund des Entzückens und der Freude sein wird: „An jenem Tag wirst du sagen: ... denn meine Stärke und mein Lied ist der Herr. Er ist für mich zum Retter geworden. Ihr werdet Wasser schöpfen voll Freude aus den Quellen des Heils“ (12,1-3). Mögen wir alle an dieser Freude teilhaben!

„Christus, Mittelpunkt und Beherrscher der Geschichte, herrsche auch über mein Leben, meinen Willen, meine Zukunft.“

20

Arm des Herrn

„Der Arm des Herrn – wem wurde er offenbar?“
(Jesaja 53,1)

Jesaja ruft in diesem Kapitel, das vom Opfertod Jesu so ausdrucksvoll spricht wie kein anderes im Alten Testament, aus: „Wer hat unserer Kunde geglaubt? Der Arm des Herrn: wem wurde er offenbar?“ (53,1). Mit „Arm“ wird Kraft und tatkräftiges Wirken ausgedrückt. Jesus war das entschlossene Handeln des Ewigen, um den Menschen Befreiung und Errettung zu bringen. Darauf wird im Rest des Kapitels auf wunderbare Weise eingegangen.

Das Wort „offenbar“ zeigt an, daß er verborgen war. Jahrhundertelang waren Propheten, Gottesmänner- und frauen sozusagen auf dem Sprung, den verheißenen Messias zu begrüßen. Schließlich kam der große Augenblick, wo im Ereignis aller Zeiten, im Wunder der Geburt Jesu, der Arm des Herrn offenbar wurde. Die Krippe trug die Erwartung und Hoffnung vieler, vieler Jahre in sich. Der Moment der höchsten Gottesoffenbarung war gekommen.

Kaiser Konstantin der Große ließ eine Kirche auf der Stelle, von der man annahm, sie sei die Geburtsstätte Jesu, errichten. Wenn man an diese Stelle gelangen will, muß man sich in eine Höhle hinunterbegeben, die sich heute unter dem Altar der Kirche befindet. Der Eingang ist so, daß man sich bücken oder in die Knie gehen muß. Es hat etwas Symbolisches an sich, daß der Pilger sich beugen muß, um an die Geburtstätte des Herrn zu treten: Ehrerbietung gegenüber Christus soll dadurch zum Ausdruck kommen. Wir stehen vor dem Wunder Gottes, daß Er, dessen Kraft im Weltall sichtbar ist, uns Seine Liebe in einem kleinen Kind offenbarte.

Und der Arm des Herrn wurde weiter offenbar: in Jesu einzigartigem Leben, Seinem Tod, Seiner Auferstehung und Seiner Himmelfahrt. Und dieser Arm wird Seinen Nachfolgern weiter offenbar werden durch den Heiligen Geist und in Jesu großer Wiederkunft.

Wer hat unserer Kunde geglaubt? Der Arm des Herrn: wem wurde er offenbar? Ist er Ihnen offenbar geworden?

Himmlischer Vater, danke für die Liebe, die Christus auf die Erde kommen ließ und die Ihn veranlaßte, den schweren Weg nach Golgatha auf sich zu nehmen.

21

Nachwuchs der Frau

„Feindschaft setzte Ich zwischen dich und die Frau, zwischen deinem Nachwuchs und ihrem Nachwuchs. Er trifft dich am Kopf, und du triffst Ihn an der Verse.“
(1. Mose 3,15)

Der vollkommen ideale Ort für die Menschen war der Garten Eden. Dort lebten Adam und Eva in Frieden und Freude. Sie waren unversehrt nach Geist, Seele und Leib und nahmen die Gegenwart Gottes wahr. Sie waren ein Gedanke Gottes, waren nach dem Bilde ihres Schöpfers geschaffen.

Sie hatten alles, was ihnen Freude machte. Dann plötzlich kam das Desaster, der Fall! Durch Unglaube und Ungehorsam ging ihnen das Paradies verloren. Der Himmel verdunkelte sich über ihnen. Sie waren Sünder geworden und dem sie liebenden Schöpfer untreu geworden. Das Gift der Sünde kam in den Blutkreislauf der Menschheit, und der geistliche Tod war die Folge.

Mit einemmal ging in dieser schrecklichen Dunkelheit ein Stern auf und fing an zu strahlen: Ein Stern prophetischer Verheißung. Gott hatte die Menschen nicht aufgegeben. Er verhieß, daß jemand aus dem Nachwuchs der Frau kommen würde, der Satan und Sünde besiegte.

Gleich nach dem Fall sprach Gott zu Satan über den Einen, der kommen würde: „Er wird dir den Kopf zertreten.“ Der verheißene Nachkomme wird zwar im Kampf verwundet („Du wirst Ihm in die Ferse stechen“), aber Satan wird der Todesstoß versetzt.

Der Nachkomme der Frau wird um unserer Missetat willen verwundet und um unserer Sünde willen zerschlagen, aber Er wird gesunden und ewig leben.

Mit dem Ausdruck „Nachkomme der Frau“ haben wir die erste messianische Verheißung, die den Menschen gegeben wurde. Sie war nach dem Fall der einsame Stern am Himmel des Menschen und gab ihm Hoffnung. Es war der erste Titel eines verheißenen Retters, der vom Fall und seinen Konsequenzen erlöste. Er beinhaltete einen siegreichen Kampf Gottes für die Menschen.

Der Titel gibt auch, wie viele Bibellehrer glauben, einen Hinweis darauf, daß Jesus von einer Jungfrau geboren werden würde. Die alttestamentliche Abstammung wird über die Linie des Mannes geführt und nicht der Frau. Der Bezug darauf, daß es der Nachkomme der Frau sein würde, ist somit der Hinweis, daß Er keine irdische Vaterschaft besaß.

Die Lehre der Jungfrauengeburt war lange Gegenstand theologischer Kontroversen. Biologisch ist eine Jungfrauengeburt eine Unmöglichkeit, aber sie ist genauso eine Unmöglichkeit wie die Auferweckung des Lazarus. Jemand sagte: „Im Unerklärlichen liegt die Spur des Göttlichen." Hinsichtlich der Wunderkräfte Gottes ist die Jungfrauengeburt nur ein Glied in der Kette übernatürlicher Ereignisse in Leben und Dienst unseres Herrn.

In der Weihnachtszeit werden wir immer wieder an die große Wahrheit der Menschwerdung Christi erinnert, wenn wir Charles Wesleys Lied hören:

Christus, im höchsten Himmel bewundert,
Christus, der ewige Herr,
kommt hernieder,
wird von einer Jungfrau geboren.
Seine Gottheit ist verhüllt.
Preis dem menschgewordnen Gott.
der es sich gefallen ließ,
unter uns zu wohnen,
Jesus, unser Immanuel.

Herr, ich stehe staunend vor der Tatsache, daß Du schon bald nach dem Fall die Verheißung der Erlösung gabst und Vorsorge dafür trafst. Deine göttliche Liebe überwältigt mich einfach!

22

Kind

„Ihr werdet ein Kind finden,
das, in Windeln gewickelt, in einer Krippe liegt.“
(Lukas 2,12)

Wer bist Du?
Du Kind, das im Stroh
und in seiner Mutter Arm liegt?
Bist Du der Gott, der die Welt erschuf,
der die Sterne auf ihre Bahn brachte?
Und der sie alle durch Sein Wort erhält?
Bist Du dieser Gott? (unbekannt)

Wie unbegreiflich, daß Gott als Baby auf die Erde kommt. Von einem Kind hängt das Geschick der Menschheit ab!

Gott legte dieses Kind an die Türschwelle der Welt. Jesus wurde nicht in einem Palast geboren, sondern in einer Viehkrippe. Nicht an der berühmten Via Appia, sondern in einem kleinen Dorf. Die Futtermulde war seine Wiege, die Tiere des Feldes und die einfachen Hirten waren sein Empfangskomitee. Er wurde nicht in eine Königsfamilie hineingeboren, sondern kam zu einem einfachen, demütigen Paar.

Aber: Ein Engel verkündete Seine Geburt, und die himmlischen Heerscharen lobten Gott. Ein Stern führte die Weisen an den Ort, wo sich Jesus befand. So sind die geheimnisvollen Wege Gottes!

Die Geburt dieses Kindes war das größte Ereignis aller Zeiten. Keine Armee, die marschierte, kein Kampf, der ausgetragen wurde, keine Entdeckung, die gemacht wurde, kein anderes Ereignis der Geschichte kommt an die Wichtigkeit und die Ewigkeitsbedeutung dieses Ereignisses heran.

Joni Eareckson-Tada berichtet davon, wie ehrfürchtig sie als Schülerin von Jesu Geburt sang: „Als ich Ende der sechziger Jahre die Mittelschule besuchte, gehörte ich zum Schulchor. Ich erinnere mich gut daran, daß wir im Rahmen des Weihnachtsprogramms Händels ‚Messias' vortrugen. Ich kann noch die tiefe Freude nachempfinden, als wir ‚Denn uns ist ein Kind geboren' sangen. Die Tränen rannen mir herunter, als wir ‚Und Er heißt Wunderbar, Rat, Kraft, Held, Ewig-Vater, Friedefürst' sangen.

Es geschah allerdings erst einige Jahre später, daß ich Christus auch persönlich diese außerordentlichen Titel zuerkannte ... Können Sie sich ein kleines Baby vorstellen, das nicht nur als ‚wunderbar' bezeichnet wird, wie es bei vielen Babys geschieht, sondern auch ‚Rat, Kraft, Held, Ewig-Vater und Friedefürst' genannt wird? Aber Jesus ist das tatsächlich alles!"

Christus war die Erfüllung der jahrhundertealten Verheißung Jesajas. Das Kind wuchs zum Mann heran. Dieser wurde an ein Kreuz geschlagen und starb. Aber Er auferstand von den Toten und sitzt nun zur Rechten Gottes – und möchte in aller Herz und Leben geboren werden.

Und wäre Christus hundertmal
in Bethlehem geboren,
aber nicht in dir,
so wärst du immer noch verloren.
Wäre doch dein Herz eine Krippe für Ihn,
Er würde kommen und Frieden würd einziehn.

(Verfasser unbekannt)

Lieber Herr, Du kamst als Kind in Bethlehems Stall. Möge mein Herz eine Krippe für Deine Geburt und eine Wohnstätte Deiner Gegenwart sein.

23

Jesus

„Ihm sollst du den Namen ‚Jesus' geben, denn Er wird Sein Volk von seinen Sünden erlösen."
(Matthäus 1,21)

Unser Vers beginnt mit der Erklärung: „Ihm sollst du." Der Name Jesus war der Name, den Gott selbst wählte. Gott sandte Seinen Boten vom Himmel, damit er verkündete, wie der Name lauten sollte.

Dann kommt der nächste Satzteil: „den Namen Jesus geben." Das ist der Name, unter dem wir Ihn am besten kennen. Es ist Sein irdischer Name. Andere Namen und Titel gelten für bestimmte Aspekte Seiner Person, aber dies ist Sein eigentlicher und erstrangiger Name. In den Evangelien wird unser Herr über 500mal bei diesem Namen genannt, im ganzen Neuen Testament 909mal.

Von allen Namen und Titeln Christi ist dies der eine, der Seinen Nachfolgern am kostbarsten ist. Die Liederbücher geben davon Zeugnis. John Newton schrieb: „Wie schön der Name Jesus klingt", Edward Perronet erhebt den Namen mit „Alles Heil und alle Macht im Namen Jesus". Bernard bekennt: „Jesus, schon der Gedanke an dich … " Baxter ruft: „Nimm den Namen Jesus mit dir", und Frederick Whitfield stellt fest: „Es gibt einen Namen, den ich liebend gern höre."

Unser Text geht auch auf die Bedeutung des Namens ein: „Er wird Sein Volk von seinen Sünden erlösen." Es ist der Name, der das große Ziel Seines Lebens beschreibt. Vor allem anderen kam Er, um unser Retter zu sein. Stellen Sie sich vor, Sie würden Tennyson kennen, jedoch nicht als Dichter. Shakespeare, aber nicht als Dramatiker, Sokrates, aber nicht als Philosoph. Wenn wir Jesus nicht als Retter erkennen, gehen wir an der eigentlichen Botschaft und Sendung Seines Lebens vorbei.

Die Namen Jesus und Josua bedeuten dasselbe. Josua ist das hebräische Gegenstück zum griechischen Jesus. Viele Bibellehrer sehen Josua als ein Bild auf Jesus hin. Es gibt bemerkenswerte Übereinstimmungen: Josua führte die Israeliten aus der Wüste ins verheißene Land – wie Jesus uns aus der Wüste der Sünde ins verheißene Land des Reiches Gottes bringt.

Josua führte das Volk zu Siegen über die Feinde, zur Überwindung von Riesen und zur Einnahme ummauerter Städte. Jesus führt uns dazu, die Feinde unserer Seele zu überwinden. Er befähigt uns, schwierige Lebensverhältnisse zu bewältigen und siegreich gegen die Riesen der Versuchung zu bestehen. Als unser Josua führt Er uns zu dem Erbe, das uns bereitet ist: in ein Land, in dem, bildlich gesprochen, Milch und Honig fließt.

Jesus überragt natürlich mit dem Heil, das Er brachte, das Werk Josuas bei weitem. Letzteres ist nur eine Vorschattierung des großen Heils, das mit Jesus und der großen Erfüllung dieses Namens kommen würde. Die Schrift erklärt: „Und ist in keinem anderen Heil, ist auch kein anderer Name unter dem Himmel gegeben, in dem wir gerettet werden sollen" (Apostelgeschichte 4,12).

Mit Will J. Brand dürfen wir singen:

Es ist eine Schönheit in Jesu Namen,
die wir in dieser Zeit noch gar nicht fassen,
der volle Glanz wird sich erst
in der Ewigkeit zeigen.

Es ist Heil im Namen Jesus:
Wenn wir diesem Namen vertrauen,
werden wir einst sündlos
vor Gottes Thron dargestellt.

Es liegt Beglückung im Namen Jesus,
Freude, die von oben kommt,
von Seinem ewigen Reichtum
gibt Er uns schon hier,
o Name der erlösenden Liebe.

Jesus, Du bist ein mächtiger Heiland. Ich komme zu Dir, denn es gibt keinen anderen, an den ich mich zu meiner Errettung wenden könnte.

24

Immanuel

„Seht, die Jungfrau wird ein Kind empfangen, einen Sohn wird sie gebären, und man wird Ihm den Namen Immanuel geben, das heißt übersetzt: Gott ist mit uns.“
(Matthäus 1,23)

Gott ließ diesen Namen dreimal in Sein Wort aufnehmen: Wir finden ihn in Jesaja 7,14 und 8,8 sowie in unserem Text, wo der Engel in seiner Verkündigung den Propheten Jesaja zitiert.

Christus allein ist der, der mit Recht Immanuel genannt werden konnte. Kein anderer konnte diesen Namen mit seiner wahren Bedeutung füllen – Gott mit uns.

Johannes gibt uns ein anschauliches Bild, wie Christus unter uns lebte. Er schrieb: „Und das Wort ist Fleisch (Mensch) geworden und hat unter uns gewohnt (schlug sein Zelt unter uns auf und lebte eine Zeit unter uns), und wir haben (in der Tat) Seine Herrlichkeit gesehen“ (Johannes 1,14). Der Gedanke, daß Gott Sein Zelt bei uns aufrichtet und unter uns wohnt, ist gewaltig. Er ist im Grunde etwas Unbegreifliches. Aber es ist das, was bei der Menschwerdung Gottes geschah.

Das Wunder des Immanuel – Gott mit uns – ist unfaßbar: Die Hände, die die Sonnensysteme ins All stellten, wurden die kleinen Händchen eines Babys. Die Füße Gottes, die durch die feurigen Planeten schritten, wurde kleine Kinderfüßchen. Jesus war das Herz Gottes, von einem Menschenleib umschlossen. Jesus war Gott in menschlicher Hülle.

In einer Futterkrippe in einem Stall in dem kleinen Flecken Bethlehem wurde mit dem Schreien dieses Kindes die Stille der vergangenen Jahrhunderte durchbrochen. Auf eine neue, unmittelbare Weise war die Stimme Gottes aus menschlichem Mund zu hören. Immanuel spricht zu uns von dem Wunder der Menschwerdung Gottes und Seinem Wandel unter uns.

Ein kleines Kind schaute auf das Bild seines Vaters, der gerade nicht zu Hause war, und meinte sehnsüchtig: „Ich wünschte, Vater würde aus dem Bild heraus zu mir kommen!" Jahrhunderte sehnten sich die Menschen danach, daß Gott aus dem Bild der Geschichte hervortreten und für den Menschen fühl- und greifbar würde.

Die Menschen wollten Gott besser kennenlernen. Sie wollten erfahren, wie Er war. Zu Bethlehem wurde Gott Fleisch, wurde Er real, für Menschen verstehbar. Jesus war Gottes Selbstoffenbarung.

Was für ein beruhigender und uns Sicherheit gebender Gedanke ist es doch, daß Er Seinen Nachfolgern immer noch der „Immanuel" ist. Er ist immer noch mit uns. Er hat verheißen: „Ich bin bei euch alle Tage bis zum Ende der Welt" (Matthäus 28,20). Wir folgen dem, der verspricht: „Ich lasse dich nicht fallen und verlasse dich nicht" (Hebräer 13,5).

Er ist noch immer der gegenwärtige Christus. Er geht mit uns durch alle Unbeständigkeiten und Wandelbarkeiten des Lebens. Er wird mit uns auch zum Ziel kommen, wird uns durch das Todestal geleiten und uns zu unserer Stätte führen, wo wir ewig mit Ihm wohnen werden.

Immanuel, bleibe bei mir alle Tage meines Lebens. Wenn ich durch die Gemeinschaft mit Dir beruhigt, durch Deine Gegenwart gestärkt und durch Deine Führung geleitet werde, bin ich fähig, den Pfad des Lebens siegreich zu durchschreiten.

25

Heiliger Gottes

„Ich weiß, wer Du bist: Der Heilige Gottes."
(Markus 1,24)

Jesus war als „der Heilige" bekannt. Petrus sprach in seiner Pfingstpredigt von Christus als dem „Heiligen" (andere Übersetzung: Frommen) (Apostelgeschichte 2,27), wie auch Paulus in seiner Predigt (13,35). In Offenbarung 3,7 wird Jesus ebenfalls als „der Heilige" bezeichnet. Er wurde ohne Sünde geboren und lebte ein sündloses, heiliges Leben. Heiligkeit ist eine Seiner göttlichen Eigenschaften.

Als wir nach Stratford on Avon reisten, sahen wir dort eine Inschrift auf einer Erinnerungsmünze an den 400. Geburtstag Shakespeares:

„1564-1964. So einen wie ihn werden wir nie wieder bekommen." Im literarischen Sinn mag das wahr sein. Shakespeare ist „sui generis", einzig in seiner Art. Auf viel größere Weise ist Jesus einzig in Seiner Art. Seine Heiligkeit ist unvergleichbar. Er steht nicht nur hoch über den Menschen, sondern auch über den Cherubimen und Seraphinen, über Engeln und Erzengeln.

Tennyson spricht in einem seiner Gedichte von dieser Wahrheit:

Starker Sohn Gottes, Du ewige Liebe,
Dich, den wir nicht von Angesicht gesehen haben,
umfassen wir im Glauben, allein im Glauben.
Wir glauben, obwohl wir nichts schauen können.
Du erschienst menschlich und göttlich,
bist der Heilige Gottes.
Unser Wille gehört Dir,
mach ihn Dein eigen.

Heiliger Christus, danke, daß ich Teilhaber Deiner göttlichen Natur sein darf.

26

Der Junge Jesus

„Der junge Jesus blieb aber in Jerusalem."
(Lukas 2,43)

Von der Geburt unseres Herrn und der Flucht nach Ägypten an bis zu Seinem Dienst, als er 30 Jahre alt war, gibt es eine lange Zeitspanne, die als die „stillen Jahre" bezeichnet werden. Es gibt aber ein Fenster, durch das wir in jene Jahre blicken können: Es ist die Zeit, als Jesus zwölf Jahre alt war und mit Seinen Eltern die jährliche Pilgerreise zum Passahfest nach Jerusalem unternahm. Als die Eltern sich danach wieder auf den Heimweg machten, heißt es:

„Der junge Jesus aber blieb in Jerusalem, ohne daß Seine Eltern es merkten. Sie meinten, Er sei irgendwo in der Pilgergruppe, und reisten eine Tagesstrecke weit. Dann suchten sie Ihn bei den Verwandten und Bekannten. Als sie Ihn nicht fanden, kehrten sie nach Jerusalem zurück und suchten Ihn dort. Nach drei Tagen fanden sie Ihn im Tempel. Er saß mitten unter den Lehrern, hörte ihnen zu und stellte Fragen. Alle, die Ihn hörten, waren erstaunt über Sein Verständnis und über Seine Antworten" (Lukas 2, 43-47).

Dieses einzige Bild aus der Jugendzeit Jesu läßt uns einigen Einblick gewinnen. Es zeigt uns Seine außerordentliche Weisheit und Sein Verständnis auch schon in diesen jungen Jahren. „Erstaunt" waren die Lehrer, mit denen Er sprach, „betroffen" die Eltern. Der Junge Jesus offenbart Sein Verständnis für Seine Bestimmung in Seiner Antwort an die besorgten Eltern: „Wußtet ihr nicht, daß Ich in dem sein muß, was Meines Vater ist?" (Vers 49).

Von Seiner Mutter wird berichtet, daß sie alles, was geschehen war, in ihrem Herzen bewahrte, und daß Jesus anschließend mit den Eltern nach Nazareth zurückkehrte und ihnen gehorsam war (Vers 51).

Dieses aufschlußreiche Ereignis endet mit der Feststellung: „Jesus nahm zu an Weisheit und Alter und Gunst bei Gott und

Menschen“ (Vers 52). Jesus wuchs an Weisheit – auf intellektueller Ebene. An Alter – auf körperlicher Ebene. An Gunst (Gnade) bei Gott – auf geistlicher Ebene. Und bei Menschen – auf zwischenmenschlicher Ebene.

Der Künstler Warner Sallman hat ein bemerkenswertes Bild Jesu gemalt. Es ist mit symbolischen Einzelheiten versehen, die von Seinem kommenden Dienst und Seinem Opfertod sprechen. Im Hintergrund ist eine Stadt auf einem Berg dargestellt, wie sie in Seiner Lehre vorkommt. Ein Hirsch ist zu sehen: Er trinkt vom frischen Wasser, was davon spricht, daß Jesus das lebendige Wasser gibt.

Schafe sind abgebildet, die keinen Hirten haben. Und der Knabe Jesus ist zu sehen, wie Er ein Schaf in Seinen Händen hält. Er steht vor einem großen Felsen, und wenn man genauer hinsieht, kann man den feinen Schatten des Kreuzes auf dem Felsen erkennen. Damit soll symbolisiert werden, daß diese Bestimmung schon über Seinem frühen Leben lag.

Die Dichterin Catherine Baird hat ausdrucksvoll beschrieben, wie sie sich die Jugendzeit Christi vorgestellt hat:

Wenn Er auf Galiläa blickte,
das ruhig und malerisch vor Ihm lag,
sah Er da nicht schon die Reflektion
des Kreuzes über dem Land?

Wenn die Sonne aufging
und die Lichtstrahlen auf sein Haar fielen,
sagten sie nicht:
Da wirst Du eine Dronenkrone tragen?

Wenn der Wind
triumphierend über die Ebene brauste,
hörte der Meister da nicht das Lied:
Der Herr wird wieder leben!?

Lieber Jesus, hilf mir, das Potential meines Lebens mehr und mehr zu erkennen und auszuschöpfen, denn ich merke, daß ich Dir oft so ungenügend nachfolge.

27

Bruder

***„Ist das nicht der Zimmermann,
der Sohn der Maria und der Bruder von Jakobus,
Joses, Judas und Simon?
Leben nicht Seine Schwestern hier unter uns?“***
(Markus 6,3)

Es gab mindestens sechs Geschwister Jesu zu Hause in Nazareth. Jesus hatte die Rolle des älteren Bruders und mußte Jakobus, Joses, Judas, Simon und den Schwestern helfen. Er wird sie durch die geschäftigen Straßen begleitet und auch vor den gefährlichen vorbeigaloppierenden Pferden, die die Streitwagen zogen, geschützt haben. Er hatte Botengänge für Seine Mutter zu tun. Wasser mußte vom Brunnen geholt oder dem Nachbarn eine Nachricht überbracht werden.

Dann kam der traurige Tag, als Er, der Älteste, Seine starken Arme um Seine Mutter schließen mußte, als Josef, Sein guter Vater, zu Grabe getragen wurde. Er, als der Älteste, übernahm das Zimmermannsgeschäft und unterhielt die Familie durch diesen Beruf, den Er bei Seinem Vater erlernt hatte. Jesus war bestimmt ein liebender und treuer Bruder.

Es gibt ein Ereignis in den Evangelien, das diesem Titel eine tiefe geistliche Bedeutung gibt. Wir lesen: „Als Jesus noch mit den Leuten redete, standen Seine Mutter und Seine Brüder vor dem Haus und wollten mit Ihm sprechen ... Und Er streckte die Hände über Seine Jünger aus und sagte: Das hier sind Meine Mutter und Meine Brüder. Denn wer den Willen Meines himmlischen Vaters erfüllt, der ist für Mich Bruder und Schwester und Mutter“ (Matthäus 12,46-50). Für jeden Gläubigen ist Jesus der ältere Bruder.

In einer Zeitung war der Bericht über einen Lastwagenfahrer zu lesen, der in einen fürchterlichen Schneesturm geraten war. Seine Frau hatte ihn zuvor gebeten, in dieser Nacht nicht wegzufahren, denn in der Wettervorhersage war vor einem mächtigen

Blizzard gewarnt worden. Der Mann hatte jedoch eine wichtige Ladung auszuliefern und fuhr trotzdem los.

Unterwegs geriet er jedoch richtig in diesen Sturm hinein. Es blieb ihm nichts anderes übrig, als die Fahrt zu unterbrechen. Er stellte den großen Lastwagen ein paar Meter neben der Straße ab und legte sich in der Koje hinter der Fahrerkabine schlafen.

Als er erwachte, war alles dunkel. Er steckte unter einer etwa 10 Meter hohen Schneewehe. Von dem Lastwagen war von der Straße aus nichts mehr zu sehen. Es gelang ihm nicht, die Türen zu öffnen.

Fünf Tage und Nächte verbrachte er in diesem Grab. Er hatte keine Lebensmittel mit. Er aß Schnee, um seinen Durst zu stillen. Fünf Tage und Nächte, aber er geriet nicht in Panik. Er wartete ruhig auf seine Rettung. Und schließlich wurde er auch gefunden.

Als man ihn fragte, ob er nicht fürchterliche Angst gehabt habe, antwortete er: „Nein, ich wußte, daß mein Bruder nach mir suchen würde. Ich wußte, er würde nicht ruhen, bis er mich gefunden hatte. Ich stellte mir vor, wie er mich suchte und suchte und nicht aufgab."

Diese Geschichte bestätigt in eindrucksvoller Weise den Text von Sprüche 17,17: „Ein Freund liebt allzeit, und ein Bruder ist für die Not geboren." Wie gut ist der dran, der solch einen Bruder hat, ob durch Bluts- oder Geistesbande. Die Freundschaft Jesu aber ist das größte Vorrecht und der größte Segen des Lebens.

Es scheint, daß es keinen Titel unseres Herrn gibt, der nicht in irgendeinem Lied Erwähnung findet. Auch dieser ist keine Ausnahme. Der dritte Vers in Henry Van Dykes bekanntem Lied „Fröhlich, fröhlich, wir bestaunen dich", gesungen nach der Melodie von Beethovens neunter Symphonie, erwähnt diesen Titel:

> Du gibst und vergibst und segnest,
> Quelle der Lebensfreude,
> aber auch der Stille und Ruhe.
> Christus, unser Bruder:
> wir sind Dir verbunden.
> Lehre uns, einander zu lieben,

und bring uns Du
in Deine göttliche Freude hinein.

Danke, Herr, für das Vorrecht dieser besonderen Beziehung, die wir zu Dir als Bruder haben dürfen.

28

Nazoräer

„Und (Er) ließ sich in einer Stadt namens Nazareth nieder. Denn es sollte sich erfüllen, was durch die Propheten gesagt worden ist: Er wird Nazoräer genannt werden.“
(Matthäus 2,23)

Dieser Titel ist von dem Namen des Ortes abgeleitet, in dem Jesus „die stillen Jahre“ verbrachte. Nazareth hatte keinen guten Ruf. Wir erinnern uns an Nathanaels Erwiderung, als Philippus ihm erzählte, daß der Messias aus Nazareth käme: „Aus Nazareth? Kann von dort etwas Gutes kommen?“ (Johannes 1,46). So dachte man über Nazareth und sprach verächtlich von diesem Ort.

In dieser Stadt wuchs Jesus mit Seinen Brüdern und Schwestern auf, kam Seiner Arbeit als Zimmermann nach und nahm am Alltagsleben der Stadt teil.

Wichtige Handelsrouten führten durch Nazareth. Die Bewohner konnten Pilger sehen, die nach Jerusalem unterwegs waren, aber auch wohlhabende Kaufleute, die von Ägypten heraufzogen und Karawanen der Midianiter mit ihren interessanten Waren. Durch die Durchreisenden kam man an die neuesten Weltnachrichten heran. Obwohl Nazareth keine angesehene Stadt war, lag es in einer strategisch wichtigen Gegend.

Nazareth war nur ein verhältnismäßig unbedeutender Ort, solange Jesus noch nicht bekannt war. Danach wurde es anders. Er hatte verändernden Einfluß auf viele, die in Kontakt mit Ihm kamen. So werden auch wir, wenn wir Ihn einladen, in unser Leben hineinzukommen und Wohnung bei uns zu machen, ein verändertes Leben bekommen, das ewige Bedeutung hat.

In seinem Lied „Der Nazarener“ schreibt Stanley Ditmer:

> Ich wußte nicht, wie arm und blind ich war, bis ich
> eines Tage in meinem unwürdigen Zustand
> dem Nazarener begegnete.

Es war Sein Leben,
mit dem Er meine Errettung erwirkte.
Es war Seine Gnade,
mit der Er mir die Freiheit gab.
Es war Sein Blut,
mit dem Er Seine Hingabe besiegelte,
Es war Seine Liebe, mit der Er für mich eintrat.

Mein kleiner Verstand wird nie aufhören,
sich darüber zu wundern, warum Er sich
um mein sündiges Herz kümmerte.
Ich kann es nicht fassen
und beuge demütig meine Knie vor Ihm.

Christus, der Du auch die alltäglichen Dinge des Lebens kennst, nimm die Fäden meines Lebens, die schon so oft gerissen sind, in die Hand und webe Du mit Deiner Kunstfertigkeit ein schönes Schmuckstück für die Ewigkeit.

29

Zimmermann

„Ist das nicht der Zimmermann?“
(Markus 6,3)

Hier steht „Tekton“, das hauptsächlich für Zimmermann verwendete Wort, das einen Bau- oder Holzhandwerker bezeichnet. Die Schrift offenbart uns Christus als Baumeister des Universums: „Alles wurde durch dasselbe (das Wort), und ohne dasselbe wurde auch nicht eines, das geworden ist“ (Johannes 1,3). Die Hände, die auf Erden den Hammer erfaßten und die Säge führten, waren die Hände, die die weiten Galaxien in den Weltraum stellten. Die Hände, die das Holz auf der Werkbank hobelten, setzen die Planeten präzise auf ihre Bahn.

Der kosmische Baumeister wurde durch das Wunder der Menschwerdung Baumeister in Nazareth. Die Frage, die in unserem Text durch die ablehnenden Nazarener gestellt wurde, ist das einzige Fenster in der Schrift, das etwas Licht auf die Jahre wirft, die Jesus als berufstätiger junger Mann durchlebte. Obwohl es nur wenige Worte sind, sagen sie doch einiges über diese Zeit aus. Die Tätigkeit des Herrn als Zimmermann beinhaltete viele Dinge, die Sein Leben in diesem Beruf mit sich bringen mußte.

Daß Joseph in den Evangelien später nicht mehr auftaucht, mag darauf hinweisen, daß dieser weise und demütige Familienvater inzwischen verstorben war und Jesus als ältester Sohn die Versorgung der Familie übernommen hatte, indem Er das Geschäft des Vaters weiterführte. Als die anderen Brüder und Schwestern alt genug waren, lag diese Verantwortung nicht mehr auf Ihm. Dann konnte Er Seine Arbeit als Zimmermann aufgeben und darangehen, das ewige Reich Gottes im Herzen der Menschen zu bauen.

G. A. Studdert-Kennedy hat das Bild unseres Herrn in folgende Verse gekleidet, die den Titel „Der Zimmermann“ tragen:

Ich frage mich, wieviel Geld
Er wohl für einen Stuhl nahm?
Versuchten Seine Kunden, die Preise zu drücken,
um sich dann in der Stadt zu brüsten:
„Ich habe ihn ganz billig für 10 Mark
bei diesem eigenartigen
Zimmermann bekommen“?

Ich frage mich:
Wußte Er schon von meiner Schuld,
meinen Ängsten und Befürchtungen?
Der Schreiber des Evangeliums unterläßt es hier,
mehr über den Zimmermann zu schreiben.

Das Bild von Christus als Zimmermann identifiziert Ihn mit der Menschheit. Wie beruhigend ist es, zu wissen, daß derjenige, der jetzt ein Zepter in Seinen Händen hält, früher einmal Hammer und Säge in Händen hielt. Es ist ein lebhaftes Bild auf das Menschsein Jesu.

Bei der Arbeit wurden Seine Hände beansprucht. Wenn Er mit dem Werkzeug abglitt, holte Er sich auch einmal blaue Flecken oder eine Quetschung, wie das in einem Handwerksberuf üblich ist. Durch die tägliche Arbeit mit dem Holz wurden Seine Hände stark und hatten einen festen Griff. Sie waren bestimmt rauh und hatten Schwielen. Diese Hände, auf die die starken Fischer respektvoll blickten, ließen sie erkennen, daß sie sich auf den Mann verlassen und Ihm nachfolgen konnten. Er wußte, was Arbeit bedeutete. Er versteht auch heute unsere Lasten, unsere Müdigkeit, unsere Aufgaben und Arbeiten.

Mit Seiner Tätigkeit als Zimmermann heiligte Christus die menschliche Arbeit und Mühe. Wir alle sind Glieder der Gesellschaft. Wir ziehen aus ihr viel Nutzen, müssen aber auch etwas investieren und für die Gemeinschaft beisteuern. Unserer Arbeit wird Würde verliehen durch den Einen, der die größte Zeit Seines Lebens an der Zimmermannswerkbank verbrachte. Seine Arbeit sorgte dafür, daß die Ochsen ein gutes Joch, die Kinder schönes handgearbeitetes Spielzeug und Familien den Komfort eines Hauses bekamen.

Der Zimmermann aus Nazareth, der einst Holzstücke hobelte, nimmt heute ein Leben, das Ihm gegeben wird, und macht es zu einem schönen und nützlichen Instrument des ewigen Reiches Gottes.

Zimmermann aus Nazareth, nimm mein Leben, schleife die Rauhheiten ab, beseitige die Rißstellen und mache mich zu einem wertvollen und nützlichen Instrument für Dein Reich.

30

Jude

„Die samaritische Frau sagte zu Ihm: Wie kannst Du als Jude mich, eine Samariterin, um Wasser bitten?"
(Johannes 4,9)

Christus hätte als römischer Bürger geboren werden können. Der größte Anspruch, den man in jenen Tagen erheben konnte, war: „Civus Romanus sum": Ich bin römischer Bürger. Rom beherrschte die Welt. Wer römischer Bürger war, erfreute sich großer Privilegien und des Schutzes des Weltreichs.

Christus hätte als Grieche geboren werden können, um sich mit diesem Volk zu identifizieren, das der Welt ein reiches ästhetisches und literarisches Erbe hinterließ. Obwohl Rom Griechenland eroberte, eroberte die griechische Sprache die Welt und wurde die allgemein gebräuchliche Sprache.

Aber Christus schmückte sich nicht, um Poes Worte zu gebrauchen, mit der Herrlichkeit Griechenlands oder der Größe Roms. Vielmehr entschied Er sich, Glied eines unterdrückten und verachteten Volkes jener Zeit und der ganzen Geschichte zu sein und Jude zu werden.

Die Samariterin, der Jesus am Brunnen begegnete, spielte auf die Spannungen und die Feindschaft an, die zwischen ihrem Volk und dem der Juden bestand, als sie sagte: „Du als Jude". Der Anti-Semitismus hat nie aufgehört, und gerade in unserem Jahrhundert ereigneten sich die unsäglichen Schrecken des Holocausts.

Jesus war Jude. Er identifizierte sich mit diesem Volk, das in seiner Geschichte viel erleiden mußte. Aber es ist auch das Volk, das Gott in einzigartiger Weise erwählt und gesegnet hat und durch das Er uns die Reichtümer des Alten Testaments und den überragenden Segen des Messias gegeben hat.

Sholem Asch berichtet von der Würde, Jude zu sein: „Jesus Christus ist die herausragendste Persönlichkeit aller Zeiten ... Er ist immer noch ein Lehrer, dessen Lehre ein einzigartiger Wegweiser für die Welt darstellt, in der wir leben. Er ist das Licht der Welt. Warum sollte ich, ein Jude, mich dessen nicht rühmen?"

Laßt uns aufhören, Jesus angelsächsisch (oder germanisch – die Red.) machen zu wollen, mit blondem Haar, blauen Augen, weißem Teint, und laßt Ihn Jude sein, der Er war, und das Volk respektieren, dem Er solche Ehre verlieh.

Himmlischer Vater, danke für das jüdische Volk, durch das Du uns so viel von Deinem kostbaren, lebendigen Wort gegeben hast.

31

Galiläer

„Als Pilatus das hörte,
fragte er, ob der Mann ein Galiläer sei."
(Lukas 23,6)

Jesus wurde von den Juden des ernstesten Verbrechens im Reich beschuldigt, nämlich des Aufruhrs: „Er wiegelt das Volk auf" (Lukas 23,5). Pilatus, vor dem sich Jesus vor Gericht verantworten mußte, hatte die Befürchtung, daß die Juden ihn beim Kaiser beschuldigen könnten, einen Aufständischen zu schützen. Er fragte deshalb Jesus, ob er Galiläer sei. Wenn Jesus mit „ja" antwortete, konnte er dieses schwierige und gefährliche Problem an Herodes weitergeben, der für die galiläische Provinz zuständig war. Galiläa war die Nordregion Palästinas, wo Jesus Seine Kindheit verbrachte und wo auch die Anfänge Seines Dienstes lagen.

Diese Gegend war kein unberührter Landstrich, sondern durch ihn führten Hauptstraßen des Weltreichs. Gott hat Israel in den strategisch wichtigsten Teil der Welt plaziert. Als wir unseren Führer in Israel fragten, welchem Erdteil Israel zuzurechnen sei, entgegnete er, daß sich die Israelis eigentlich als Bewohner dreier Kontinente bezeichnen könnten, denn Israel ist die Landbrücke, die Afrika, Asien und Europa miteinander verbindet.

Die Ebene Esdralon, bekannt als Tal von Harmagedon, ist ein bekanntes Schlachtfeld, auf dem schon im Altertum Kriege geführt wurden. Durch dieses fruchtbare Land marschierten schon Ägypter, Assyrer, Perser, Griechen, Römer, Kreuzfahrer, Türken und Briten. Die Festung Megiddo am Eingang des Tals ist als das „Gibraltar Palästinas" bekannt.

Das Gebiet sah die Truppen Alexanders des Großen, die Legionen Vespasians, die Reiterheere Napoleons und in neuerer Vergangenheit auch die britischen Soldaten unter Allenby im Jahr 1917 und die israelischen Panzer im Krieg 1967. Und gemäß der Bibel war das auch noch nicht der letzte Krieg.

Das Juwel der Provinz Galiläa ist der einzige Süßwassersee Israels, der See Genezareth. Er ist bildschön, von Hügeln der Region eingerahmt. Viel vom Dienst unseres Herrn spielte sich an seinen Ufern mit dem glitzernden blauen Wasser ab. Als ich mich in Israel aufhielt, ging ich einige Male vor Sonnenaufgang am Seeufer entlang, um stille Zeit zu haben, und meine Seele gelangte zu inniger, ehrfürchtiger Anbetung. Alles, was Jesus tat, entsprang Seinem Zusammensein und Seiner Kommunikation mit dem Vater vor Sonnenaufgang. Mir kamen Whittiers Worte in den Sinn:

O Sabbatruh von Galilä,
o Ruhe ringsumher.
Hier kniete Jesus,
um dem Vater nahe zu sein,
um die Ewigkeit in die Zeit
hineinzunehmen und
so Seinen Tag zu beginnen.

Das Land des Herrn ist eng verbunden mit dem Herrn des Landes. Er ging die Straßen entlang, auf die Hügel, verbrachte viele Stunden an oder auf dem Wasser. Er kannte die Einsamkeit der Berge, aber auch die Geschäftigkeit des Marktplatzes. Er tankte in einsamen Gegenden in der Begegnung mit Seinem Vater Erfrischung und Inspiration in Seine Seele, um dann auf den Straßen des Lebens den Leuten Worte aus der Ewigkeit geben zu können.

Das andächtige Gebet des verstorbenen Friedensrichters Robert Hoggard gilt dem Mann aus Galiläa:

Heiland und Licht der Welt,
ich schaue auf Dich,
erhelle meinen Pfad immer so weit,
daß ich noch Deine Fußspuren sehe,
die mir den Weg weisen.
So gewiß Du ein Mann aus Galiläa warst,
so gewiß bist Du auch das Licht meines Lebens.

Mit den Worten des Chorusses möchte ich beten: O Mann von Galilä, bleibe bei mir, stärke mich und gehe mit mir durchs Leben, o Mann von Galilä.

32

Mensch

„Der Mensch Christus Jesus, der sich als Lösegeld hingegeben hat für alle.“
(1. Timotheus 2,5-6)

Petrus spricht in seiner Pfingstpredigt davon, daß dieser „Mann“ durch Gottes Ratschluß und Vorsehung dahingegeben wurde (Apostelgeschichte 2,23 Lu). Paulus, der auf die Menschwerdung Jesu zu sprechen kommt, versichert, daß Er „den Menschen gleich“ war, und erklärt: „Sein Leben war das eines Menschen“ (Philipper 2,7).

Als Jesus vor Gericht stand, bestätigte Pilatus diese Wahrheit, als er Ihn der Menge mit den Worten darstellte: „Seht, welch ein Mensch“ (Johannes 19,5 Lu).

In unserem Text wird Seine Rolle als Mittler durch die Feststellung bekräftigt, daß Er sowohl Gott als auch Mensch war (1. Timotheus 2,5-6). Er konnte Gott und den Menschen repräsentieren, da er beide Naturen in sich vereinte.

In der Schrift wird Christus als „der Mensch“ oder „der Mann“ bezeichnet, um die Tatsache Seiner Menschlichkeit festzuhalten. Er, der Gott ist, wurde Mensch. Der Unendliche unterwarf sich der Endlichkeit. Er, der Geist war, wurde Fleisch. Er, der alle Attribute der Göttlichkeit in sich vereinigte, nahm die Begrenzungen des Menschseins auf sich. Die Menschwerdung Gottes ist, wie C. S. Lewis bemerkt, nichts anderes als „ein großes Wunder“.

Bei unserer Verehrung Christi laßt uns nicht vergessen, daß Er Mensch war. Laßt es uns nicht mystisch verschleiern: auf Erden war Er Mensch wie wir.

Christus, der Du auf unseren irdischen Straßen wandeltest: Danke, daß Du unsere Wege gegangen bist und unsere Kämpfe und Sorgen kennengelernt hast.

33

Menschensohn

„Der Menschensohn ist nicht gekommen, um sich dienen zu lassen, sondern um zu dienen und Sein Leben hinzugeben als Lösegeld für viele.“
(Matthäus 20,28)

Jesus hat diesen Titel selbst für sich geprägt. Wir finden ihn ungefähr 80mal in den Evangelien. Niemand anders hat Ihn mit diesem Titel angesprochen. Er hat seinen Ursprung in der messianischen Stelle Daniel 7,13, wo von einer Vision berichtet wird: „Da kam mit den Wolken des Himmels einer wie ein Menschensohn.“

Auch dieser Titel spricht vom Menschsein Jesu Christi. Er war Gott, der sich in die äußere Erscheinung eines Menschen kleidete. Welch unermeßliche Liebe! Welche Erniedrigung, daß Gott die Schwachheiten und Begrenzungen des Menschen auf sich nahm. Der die Meere schuf, bat eine Ausgestoßene, Ihm zu trinken zu geben!

Pilatus erkannte die Gottheit dessen, der vor ihm stand, nicht. Aber es war offensichtlich etwas an der Person, das seine Seele berührte. Es war ihm nicht verborgen geblieben, wie innerlich gefaßt Christus alles ertrug. Pilatus sah, daß hier, wie nie zuvor, Schmach und Würde zusammentrafen, wie Heftigkeit und Gewalt auf ruhige, unerschütterliche Fassung und quälende Folter mit den gefürchteten Peitschenhieben auf einen nicht nachtragenden Geist trafen.

Ja, es war etwas Eigenartiges um diesen Mann, der vor ihm stand. Und obwohl er Ihm keine Göttlichkeit zuschrieb, kam er nicht umhin, der aufgeregten Menge zu erklären: „Seht, welch ein Mensch!“

Seine römische Vorstellung, wie ein Mann zu sein hatte, war in Christus erfüllt. Vor der aufgestachelten Menge bezeugte er seine Hochachtung vor Jesus, als wollte er sagen: „Unter allen von euch Juden bin ich hier auf einen ganzen Menschen getroffen, so wie ihn sich die Römer vorstellen.“

In der Pitti-Kunstgalerie in Florenz erklärte ein Führer die verschiedenen Gemälde der Renaissance. Indem er auf eines zeigte, das eine besonders klare Darstellung bot, sagte er: „Ja, dieses Bild sieht aus, als könnte man sich mit ihm unterhalten."

Christus kommt uns aus den Seiten des Neuen Testaments heraus als der eine entgegen, der unser aller Los des Menschseins teilte. Wir sehen Ihn müde, hungrig, durstig, lachend, weinend, leidend, sterbend.

Der Titel steht aber nicht nur mit dem Menschsein Jesu in Verbindung, sondern auch mit Seiner Gottheit und einigen der erhabensten Aussagen Christi: „Wenn der Menschensohn in Seiner Herrlichkeit kommt und alle Engel mit Ihm, dann wird Er sich auf den Thron Seiner Herrlichkeit setzen. Und alle Völker werden vor Ihm zusammengerufen werden, und Er wird sie voneinander scheiden" (Matthäus 25,31-32).

„Von nun an werdet ihr den Menschensohn zur Rechten der Macht sitzen und auf den Wolken des Himmels kommen sehen" (Matthäus 26,64; Markus 14,62; Lukas 22,69).

Unser Text erinnert uns an Seinen Auftrag als Menschensohn: Er diente, half den anderen, litt und gab sich selbst als Opfer für viele. Der Gottessohn wurde Menschensohn, damit wir Söhne Gottes würden.

Christus, der du Menschensohn wurdest, gehe mit mir und hilf mir, in meiner Menschlichkeit immer mit Deiner Göttlichkeit in Verbindung zu stehen..

34

Prophet

„Die Leute sagten:
Das ist der Prophet Jesus von Nazaret in Galiläa.“
(Matthäus 21,11)

Für den frommen Gläubigen biblischer Tage nahmen die Propheten den höchsten Rang unter den Menschen ein. Wenn durch jemand ein Wunder geschah oder einer einen Beweis tiefer Weisheit und großer Kraft ablegte, wurde er von den Leuten oft als Prophet bezeichnet. Es war die höchste Auszeichnung, die man einem Menschen geben konnte.

Ein Prophet war ein besonders Erwählter und Gesalbter Gottes. Gott gab Seine Botschaft durch die Propheten an die Menschen weiter. Der Prophet war Gottes Mund. Er hatte zwei Hauptfunktionen: Er richtete Gottes Botschaft für die Gegenwart aus, und er weissagte auch auf die Zukunft.

Jeder Prophet des Alten Testaments gab einige neue Einsichten. Jesajas Buch zeigt Gottes Heiligkeit auf und gibt unvergeßliche Voraussagen auf den kommenden Messias. Jeremia offenbart die Wichtigkeit der persönlichen Haltung. Hesekiel spricht über Gottes besondere Beziehung zu Israel. Bei Daniel geht es um Gottes Konzept der Souveränität. Durch Hosea zeigt Gott Seine Vergebung gegenüber einem Rückfälligen. Bei Amos geht es um die Auswirkungen des Glaubens in bezug auf die Übel in der Gesellschaft.

Jeder Prophet brachte aus der Inspiration Gottes und seinem Leben heraus eine Seite der Wahrheit Gottes zum Ausdruck. Kein Prophet hatte den vollen Umriß des Wesens und Willens Gottes wiedergegeben. Aber Jesus, als Prophet, offenbarte uns die vollständige Wahrheit über Gott. Er selbst war die Offenbarung dafür, wie Gott ist. Er war die Verkörperung der göttlichen Attribute. Er allein konnte sagen: „Wer Mich gesehen hat, hat den Vater gesehen.“

Er ist der Prophet, der uns den Höhepunkt der Offenbarung

Gottes brachte. Er ist der, der nicht ein fragmentarisches Wissen weitergab, sondern die ganze Enthüllung Gottes brachte, soweit sie für den Menschen erfaßbar war.

Jesus füllte das Amt des Propheten in einzigartiger Weise aus. Seine Lehre und die Einsichten, die Er weitergab, waren Gipfelpunkte prophetischer Äußerungen. Aber Jesus war mehr als ein Prophet. Er war die Erfüllung von Prophetien, die bereits ergangen waren. Andere Propheten waren vorher berufen worden, Ihm den Weg zu bereiten. Er war der, auf den sich aller Lichtschein der Propheten bündelte. Durch Jesus bekommen wir eine vertrauliche Sicht auf Gottes Wesen und Absichten.

Durch das Lesen der Lebensgeschichte Tennysons wurde ich innerlich sehr bereichert. Sie trug den bemerkenswerten Titel „Der hervorragende Viktorianer" (Viktorianer = Zeitgenosse von Königin Viktoria).

Als „Poet Laureate" war er die Stimme seiner Zeit. Seine Lebensspanne umfaßte fast das ganze viktorianische Zeitalter. Tennyson gehörte zu seiner Zeit. Jesus gehört zu allen Zeiten. Tennyson wurde als der überragende Poet seiner Epoche betrachtet, Christus ist der für alle Zeiten Überragende. Im Vergleich zu Seinem Glanz und Seiner Herrlichkeit waren die anderen Propheten nur aufleuchtende Meteoriten, die kurz am Horizont erschienen und dann erloschen. Er übertrifft die Propheten und erfüllt die göttlichen Verheißungen.

Großer Christus, herrsche und regiere über alles in meinem Herz und Leben.

35

Lehrer

„Wir wissen,
Du bist ein Lehrer, der von Gott gekommen ist.“
(Johannes 3,2)

Ein häufig vorkommendes Bild Christi in den Evangelien ist das des Lehrers. Die Evangelien berichten viel von Seinem Lehrdienst. Wir lesen z. B.: „Er zog in ganz Galiläa umher, lehrte in den Synagogen“ (Matthäus 4,23). Auf einem Berg lehrte Er Seine Jünger und gab damit der Welt die „Bergpredigt“ (Matthäus 5-7).

Einmal, als die Menschenmenge, die Ihm zuhören wollte, zu groß wurde, „stieg (Er) deshalb in ein Boot auf dem See und setzte sich. Die Leute aber standen am Ufer. Und Er sprach lange zu ihnen und lehrte sie in Form von Gleichnissen“ (Markus 4,1-2).

Seine Klassenzimmer waren die Synagogen, die Berghänge, das Seeufer. Aber Er hatte auch Gespräche unter vier Augen, wie zum Beispiel das Nachtgespräch mit Nikodemus, dem Er das Geheimnis und die Bedeutung der Wiedergeburt klarzumachen versuchte. Nikodemus, selber ein Mitglied des Hohen Rats und eine führende Persönlichkeit, war die außerordentliche Art der Lehre Jesu nicht entgangen. Es war ihm ein Bedürfnis, von diesem Meister zu lernen. Er bekannte, daß es hier um mehr als nur menschliche Lehre ging, als er Jesus mit dem „Du bist ein Lehrer, der von Gott gekommen ist“ anredete.

Am anderen Ende des sozialen und moralischen Spektrums finden wir Jesus aber auch dabei, einer Frau, die zum Wasserschöpfen gekommen war, eine große Aussage über die Anbetung und das Lebenswasser zu geben. Er verstieß nicht nur gegen die gesellschaftlichen Sitten, indem Er sich mit einer Frau von einem solch schlechten Ruf unterhielt, sondern auch gegen die Völkertrennung. Die Schule Christi war ohne Mauern und ohne die verschiedenartigen Begrenzungen.

Die allgemeine Wirkung auf die Hörer, die Jesu Lehre aufnahmen, war Verwunderung über Seine Äußerungen und Seine Weisheit. Wir finden, daß sie ausrufen: „Woher hat Er das alles? Was ist das für eine Weisheit, die Ihm gegeben ist!“ (Markus 6,2). Bei einer anderen Gelegenheit lesen wir: „Als Jesus diese Rede beendet hatte, war die Menge sehr betroffen von Seiner Lehre, denn Er lehrte sie wie einer, der Vollmacht hat“ (Matthäus 7,28-29).

Als unser Herr im Garten Gethsemane gefangengenommen wurde, sagte Er: „Tag für Tag saß Ich im Tempel und lehrte, und ihr habt Mich nicht verhaftet“ (Matthäus 26,55).

Als Lehrer hatte Er nicht die Hilfsmittel, wie wir sie heute haben, die visuellen und elektronischen Möglichkeiten. Aber in Hochachtung vor Seiner Lehre haben wir heute noch Aufzeichnungen von Seinen Gesprächen und Seiner Lehre. Es wird von über 30 Gleichnissen berichtet, durch die Er Seine Lehre auf bildhafte Weise unterstrich, so daß Seine Zuhörer sie nicht vergessen konnten.

Was Er lehrte, ist inzwischen nicht überholt. Obwohl in jene Zeit hineingesprochen, war Seine Lehre doch zeitlos. Alles andere Wissen ist unbedeutend im Vergleich zu den ewigen Wahrheiten, die Er verkündete.

Eines der großen Vorrechte für uns als Christen ist es, die Lehre Jesu in den Evangelien aufgezeichnet zu finden, so daß wir durch sie erleuchtet und bereichert werden können und Anweisungen für unser Leben bekommen. Obwohl wir nicht in die Zeit Jesu zurückgehen können, ist es uns durch das Wunder des Wortes und den Dienst des Heiligen Geistes möglich, die zeitlosen Wahrheiten, die Er damals lehrte, aufzunehmen und zu verstehen. Mögen wir Ihn als unseren Heiland und Herrn erkennen und ebenso als unseren Lehrer. Welche Wahrheiten Er uns mitzuteilen hat!

Göttlicher Lehrer, mit dem Psalmisten möchte ich beten: Weise mir, Herr, Deinen Weg, daß ich wandle in Deiner Wahrheit“ (Psalm 86,11 Lu).

36

Arzt

„Da entgegnete Er (Jesus) ihnen: Sicher werdet ihr Mir das Sprichwort vorhalten: Arzt, heile dich selbst."
(Lukas 4,23)

„Arzt" ist damit eine Bezeichnung, die Jesus auf sich selbst bezieht. Sie hat große Bedeutung für viele, die verletzt wurden, die leiden und die Heilung nach Geist, Seele und Leib brauchen.

Die medizinische Behandlung in den Tagen des Herrn Jesu war verhältnismäßig primitiv. Es gab keine Ambulanzen oder Krankenhäuser, keine sterilen Operationsräume, keine Anästhesie, keine medizinisch-technologische Forschung. Schmerzen und Krankheit waren daher oft lebensbedrohlich.

Das Bild Christi als Arzt spricht nicht nur von Seiner Heilkraft, sondern auch davon, daß Er uns in unseren Schmerzen und Leiden nicht allein läßt. Er fühlt mit und sorgt für uns, wenn wir verletzt sind. Er nimmt sich unserer Leiden an.

In den Evangelien lesen wir von den zahlreichen Heilungswundern, die Er vollbracht hat. Matthäus beschreibt, wie mitleidsvoll unser Herr war: „Am Abend brachte man viele Besessene zu Ihm. Er trieb mit Seinem Wort die Geister aus und heilte alle Kranken" (8,16). Etwas später berichtet er: „Viele folgten Ihm, und Er heilte alle Kranken" (12,15). Und danach lesen wir in 15,30-31: „Da kamen viele Menschen und brachten Lahme, Krüppel, Blinde, Stumme und viele andere Kranke zu Ihm. Sie legten sie vor Ihn hin, und Er heilte sie." Matthäus sah sich genötigt, immer wieder diesen Heilungsdienst des Meisters zu erwähnen.

Lukas, der Arzt, berichtet ebenfalls von vielen Heilungswundern. Er beschreibt lebhaft eine Szene: „Als die Sonne unterging, brachten die Leute ihre Kranken, die alle möglichen Leiden hatten, zu Jesus. Er legte jedem Kranken die Hände auf und heilte alle" (4,40).

Die elektrisierende Nachricht über Seine Wunder ging wie ein Lauffeuer durchs Land, so daß Lukas erklärt: „Sein Ruf verbreitete sich immer mehr, so daß die Menschen von überall herbeiströmten. Sie alle wollten Ihn hören und von ihren Krankheiten geheilt werden“ (5,15).

Lukas, als guter Arzt, erkannte, daß Jesu Praxis den Menschen als Ganzes erfaßte. Er berichtet, wie Jesus einer Frau sagte: „Dein Glaube hat dir geholfen“ (8,48). Nur wenn Vergebung und Reinigung von Sünde geschieht, kann ganze Heilung stattfinden.

Man schätzt, daß es sich heute bei über der Hälfte aller Krankheitsfälle um psychosomatische Leiden handelt, also Auswirkungen der Gedanken und des Geistes auf den Körper. Dr. Jung, der bekannte Nervenarzt, sagte: „Ungefähr ein Drittel meiner Fälle leidet an nicht klinisch diagnostizierbaren Neurosen, nämlich an der Sinnlosigkeit und Leere ihres Lebens.“

Der Heilungsdienst Christi, der uns allen gilt, ist die Heilung von unseren Sünden. „Duch Seine Wunden seid ihr geheilt“ (1. Petrus 2,24). Er ist der Arzt, der unsere tödliche Krankheit auf sich nahm.

T. S. Eliot spricht in einem seiner vier „Quartets“ davon:

> Der verwundete Chirurg gebraucht das Messer,
> um unsere Körperfunktionen wieder herzustellen.
> Bei der Berührung Seiner blutenden Hände
> spüren wir das Mitgefühl.
> Durch Seine Chirurgie genesen wir,
> und das Fieber sinkt.

Der große Arzt nahm unsere Schmerzen und Leiden auf Sich, um uns gesund zu machen.

Du großer Chirurg, rühre mich an, damit ich völlige Heilung nach Geist, Seele und Leib erfahre.

37

Knecht

„Seht, das ist Mein Knecht, den Ich erwählt habe."
(Matthäus 12,18)

Stellen Sie sich vor: Der Herrscher des Weltalls – ein Knecht! Wie paradox! Was für eine Erniedrigung! Er kam vom Himmel herab, um der Retter der Menschheit zu werden!

Matthäus zitiert die Worte, die Gott an den Propheten Jesaja richtete, und erklärt sie durch Christus erfüllt: „Seht, das ist Mein Knecht, den Ich stütze. Das ist Mein Erwählter, an Ihm finde Ich Gefallen. Ich habe Meinen Geist auf Ihn gelegt" (Jesaja 42,1).

Christus wurde zum Knecht. Er kam, um Sein Leben für uns zu geben. Wenn wir die Evangelien lesen, finden wir, daß Er nie Seine eigenen Interessen verfolgte. Sein ganzes Leben und Sein ganzer Dienst galt den anderen.

Dieser Titel Christi ist, wenn es auch auf den ersten Blick nicht so scheinen mag, einer der stärksten Ausdrücke der Liebe Gottes. Daß Er Seinen unaussprechlichen Glanz ablegte und die menschlichen Begrenzungen, Nöte und Leiden auf sich nahm und Knecht wurde, spricht in höchsten Tönen von der unermeßlichen Liebe Gottes zu uns Menschen. Als Paulus über das Wunder und die Majestät dieser Wahrheit nachdachte, prägte er die unvergeßlichen Worte:

Er entäußerte sich
und wurde wie ein Sklave
und den Menschen gleich.
Sein Leben war das eines Menschen.
Er erniedrigte sich
und war gehorsam bis zum Tod,
bis zum Tod am Kreuz. (Philipper 2,7-8)

Als bei einigen der Jünger sich ein Streben nach Größe und Ansehen zeigte, wies der Herr sie auf die Regeln hin, die im Leben eines Christen gelten: „Bei euch soll es nicht so sein, sondern wer bei euch groß sein will, der soll euer Diener sein ... denn auch der Menschensohn ist nicht gekommen, um sich dienen zu lassen, sondern um zu dienen und Sein Leben hinzugeben als Lösegeld für viele" (Matthäus 20,26-28).

Das sind harte Worte für eine Zeit wie heute, in der es um Einkommen, Besitz, Erfolg und Vergnügen geht. Dienen ist jedoch unabdingbar für die Jüngerschaft.

Der Apostel Paulus hätte sich als „Superstar" der frühen Christengemeinden aufspielen können, aber wie stellt er sich in den Episteln den Gemeinden vor? Der Gemeinde in der Hauptstadt des Römischen Reiches schreibt er: „Paulus, Knecht Jesu Christi."

Petrus zog nicht die Verehrung und den Pomp an sich, wie es ihm von anderen zugeschrieben wird, sondern bezeichnet sich selbst so: „Simon Petrus, Knecht und Apostel Jesu Christi" (2. Petrus 1,1).

Judas, der Bruder Christi, beansprucht ebenfalls keine Sonderstellung, sondern beginnt seine Epistel mit „Judas, Knecht Jesu Christi" (Judas 1). Und der Jünger, der Jesus am nächsten stand, erklärt im letzten Buch der Bibel in bezug auf die Offenbarung, die ihm gegeben wurde: „Er (Gott) hat es durch Seinen Engel, den Er sandte, Seinem Knecht Johannes gezeigt" (Offenbarung 1,1). Wir sind berufen, Knechte unseres Herrn zu sein. Aber das ist eine Dienerschaft der höchsten Berufung und Privilegien.

James Irwin, der Astronaut, der seine Füße auf den Mond setzte, berichtete folgendes: Als er auf dem Mond umherging, wurde er sich dessen bewußt, daß er nach seiner Rückkehr eine prominente Person sein und gefeiert werden würde. Er berichtet dann: „Als ich wieder zur Erde zurückgekehrt war, wurde mir klar, daß ich ein Diener und keine gefeierte Berühmtheit zu sein hatte. Ich bin als Diener hier auf Erden, um anderen darüber zu berichten, was ich erfahren habe und daß sie auch die Herrlichkeit Gottes erkennen."

Wenn Christus, der Herr des Weltalls, für uns zum Knecht wurde, können wir dann eine andere Gesinnung zeigen?

Lieber Herr, Du mein Vorbild für das Leben, hilf mir durch Deine Gnade, nicht danach zu trachten, daß mir gedient wird, sondern daß ich diene.

38

Christus

„Wir haben den Messias gefunden. Messias heißt übersetzt: der Gesalbte (Christus).“
(Johannes 1,41)

Bei den alttestamentlichen Titeln haben wir auch das Wort „Gesalbter“ (Messias) behandelt. „Christus“ entspricht dem hebräischen „Messias.“ Es bedeutet „der Gesalbte“.

Dieser Titel steht in besonderer Verbindung mit der Prophetie. Im Alten Testament gibt es viele Weissagungen über den Messias. Er ist der „Same der Frau“ in der Genesis, der „Stern“ und das „Zepter“ in Numeri, der „Erlöser“ in Hiob, die „Rose von Saron“ im Hohelied, der „Knecht Gottes“ in Jesaja, der „Herr, unsere Gerechtigkeit“ in Jeremia, der „Gesalbte“ in Daniel, der „Ersehnte der Nationen“ in Haggai, der „König“ in Sacharja und der „Bote des Bundes“ in Maleachi.

Es war nicht nur prophezeit worden, daß der Messias kommen würde, sondern es wurden auch viele Einzelheiten Seines Kommens angegeben: der Ort, in dem Er geboren würde, die Reise nach Ägypten, der Verkündigungsdienst eines Wegbereiters (Johannes des Täufers), die Art Seines Dienstes, daß Er verraten, getötet und auferstehen würde. Alle die vorhergesagten Einzelheiten konnte in ihrer Gesamtheit nur Christus erfüllen.

Über Penelope erzählt man folgende Geschichte: Nachdem Odysseus lange Zeit verschwunden war, wurde sie von immer mehr Freiern bedrängt. Da sie dachte, Odysseus sei tot, versprach sie schließlich den zu heiraten, der im Wettschießen mit dem Bogen Odysseus siegte.

In der Zwischenzeit war Odysseus, als Bettler verkleidet, unerkannt heimgekehrt und ging zu dem Platz, an dem der Wettkampf stattfand. Einer nach dem anderen trat vor, aber sie alle waren nicht fähig, den Bogen zu spannen.

Dann trat Odysseus vor. Penelope und die Freier gestanden ihm einen Versuch zu. Er spannte den Bogen, setzte den Pfeil an die Sehne und schoß ihn genau ins Ziel. Das konnte nur Odysseus sein, nur er vermochte den Bogen zu spannen! Penelope warf sich ihm in die Arme.

Es war nicht genug, daß Christus den Titel des Messias für sich beanspruchte, Er mußte sich auch dadurch ausweisen können, daß Er die göttlichen Verheißungen erfüllte. Und das ist unwiderlegbar geschehen. Alles paßte auf Jesu Leben und Dienst. Die alttestamentlichen Weissagungen auf den Messias hin bestätigen Christi atemberaubenden Anspruch: „Ich bin es" (Johannes 4,26).

Der Messias war der eine, nachdem die Juden Ausschau hielten. Zur Zeit, als Jesus geboren wurde, war diese Messiaserwartung durch die Lehre der Propheten vorhanden. Deshalb auch die Feststellung der Samariterin: „Ich weiß, daß der Messias (genannt der Christus) kommt" (Vers 25). Deswegen berichtete Andreas auch seinem Bruder Petrus freudig aufgeregt: „Wir haben den Messias gefunden" (1,41). Der Hohe Rat forderte Jesus auf: „Wenn Du der Messias bist, dann sag es uns" (Lukas 22,67).

Man erzählt die Geschichte von einer alten Frau, die in den Südstaaten (der USA) wohnte. Überall an den Wänden hingen Bilder von Robert E. Lee, dem General, der im Sezessionskrieg das Heer der Südstaaten führte. Eines Nachts kamen in einem Schneesturm zwei Männer zu ihrem Haus, um Schutz zu suchen. Als sie wieder gingen, gab der eine, der vornehm aussah, ihr ein kleines Geschenk. Als er aus dem Zimmer gegangen war, fragte die Frau den anderen Mann, wer denn dieser nette Herr sei. Sie bekam die Antwort: „Gnädige Frau, das war General Robert E. Lee." Überall hatte sie seine Bilder an der Wand, und doch hatte sie ihn nicht erkannt!

Der Messias war im Alten Testament angekündigt und dargestellt worden, und die Weissagungen über Ihn waren jedem frommen Juden bekannt. Doch erkannten ihn die meisten nicht. Sie hatten andere Vorstellungen. Sie warteten auf einen Starken, der das Volk von den Römern erlöste und ihm die alte Herrlichkeit zurückeroberte. Sie verstanden nicht, daß der Messias in Niedrigkeit kommen sollte.

Christus, erfülle Du Deine großen und gnädigen Absichten in meinem Leben.

39

Mann voller Schmerzen

„Er wurde verachtet und von den Menschen gemieden, ein Mann voller Schmerzen."
(Jesaja 53,3)

Hier haben wir einen herausragenden Titel unseres Meisters. Es gibt Personen, die als Männer oder Frauen des Wohlstands, des Ansehens oder des Vergnügens gelten, aber Christus war ein Mann der Schmerzen.

Die letzte Erdenwoche Christi mit ihren dunklen Wolken nimmt breiten Raum in den Evangelien ein. Ein Drittel bei Matthäus, ein Drittel bei Markus, ein Viertel bei Lukas und die Hälfte bei Johannes.

Das steht in auffallendem Kontrast zu anderen Lebensbildern, wo oft nur wenige Zeilen dem Sterben und dem Tod der Person gewidmet sind. Zum Beispiel handeln bei der Lebensgeschichte Abraham Lincolns nur 25 von 5 000 Seiten von seinem Sterben. Der Raum, der in den Evangelien dem Leiden und dem Tod Christi eingeräumt wird, ist deshalb so groß, weil die Ereignisse jener Zeitspanne von unendlichem Wert sind.

Daß Gott Mensch wurde, war schon das Wunder der Zeiten. Daß der menschgewordene Gott aber dadurch charakterisiert wird, daß Er ein Mann der Schmerzen ist, sollte uns bewußt machen, daß wir hier in das Allerheiligste des Lebens Christi vordringen. Wir stehen vor einer der erhabensten und heiligsten Tatsachen der Ewigkeit.

Jesus litt große körperliche und seelische Qualen. Seine Liebe wurde durch Verrat und Verleugnung von Personen verletzt, die aus Seinem engsten Kreis stammten. Er trug die schrecklich große Verantwortung für die Erlösung der Welt auf sich. Seine Seele litt an der Ihm zugerechneten Verdammnis für die Übertretungen der Menschen. Sein Leib fühlte furchtbare Schmerzen, als Er am Kreuz hing. Er mußte Schmach und Hohn erleiden. Verlassenheit und Einsamkeit empfand Er. O, welche

Liebe Gottes, sich so zu erniedrigen und quälen zu lassen, um eine sterbende Welt zu erlösen!

Vor ein paar Jahren, als wir unsere Familienandacht hielten, war eines unserer Mädchen stark betroffen davon, daß Jesus auf Golgatha so viel erleiden mußte. Ohne um die theologische Kompliziertheit ihrer Frage zu wissen, fragte sie in großer Aufrichtigkeit: „Aber wenn Jesus Gott war, warum mußte Er dann sterben?"

Wenn wir über die Leiden Christi nachdenken und die Frage nach dem Warum stellen, finden wir in Jesaja die Antwort:

Aber Er hat unsere Krankheit getragen
und unsere Schmerzen auf sich geladen.
Wir meinten, Er sei von Gott geschlagen,
von Ihm getroffen und gebeugt.

Doch Er wurde durchbohrt
wegen unserer Verbrechen,
wegen unserer Sünden zermalmt.
Zu unserem Heil lag die Strafe auf Ihm,
durch Seine Wunden sind wir geheilt.

Wir hatten uns alle verirrt wie Schafe,
jeder ging für sich seinen Weg.
Doch der Herr lud auf Ihn
die Schuld von uns allen. Jesaja 53,4-6

Die Nägel, die Seine heiligen Hände und Füße durchbohrten, waren unsere Sünden. Die Dornen, die Seine Brauen zerstachen und Sein Gesicht verunstalteten, waren unsere Sünden. Die Geißelhiebe auf Seinen Rücken waren unsere Sünden. Der Spott und die Schmähungen, die über Ihn ergingen, waren unsere Sünden.

„Er ist um unserer Missetat willen verwundet." Als Mann der Schmerzen nahm Er die Last und die Strafe der Sünde auf sich. Er trug sie für uns. Er erlitt unsere Schmerzen, unsere Agonie. Er starb unseren Tod.

Mann der Schmerzen, danke, daß Du für mich gelitten hast. Bewahre mich davor, Trost oder Sicherheit außerhalb des Kreuzes zu suchen.

40

Rabbuni (Meister)

„Da wandte sie sich Ihm zu und sagte auf hebräisch zu Ihm: Rabbuni, das heißt: Meister.“
(Johannes 20,16)

Die gleiche Liebe, die Maria Magdalena drängte, am Fuß des Kreuzes zu stehen, führte sie am ersten Tag der Woche dazu, zum Grab zu gehen. Sie weinte über den Verlust ihres geliebten Herrn.

Da erschien „ein Fremder“ am Grab und fragte sie, warum sie weine und wen sie suche. Und dann kam der dramatische Augenblick, als Jesus ihren Namen aussprach: „Maria.“ Sie erkannte Seine Stimme und rief freudig überrascht aus: „Rabbuni!“ Maria gehört die Ehre, zuerst den Auferstandenen gesehen zu haben.

Es ist bemerkenswert, daß es eine Frau war, die dieses Vorrecht bekam. Sie, die viel Vergebung erfahren hatte, war eine der hingegebensten Nachfolgerinnen unseres Herrn.

Der Titel „Rabbuni“ ist ein Wort, das Hochachtung und Ehrerbietung, aber auch Liebe ausdrückt. Es ist noch eindringlicher als das einfache „Rabbi“.

Maria machte am Grab die größte Entdeckung: ihren auferstandenen Herrn! Es wird berichtet, daß sie gleich hinging, die herrliche Nachricht den anderen zu verkünden: „Ich habe den Herrn gesehen.“ Am Grab geschah es das letzte Mal, daß Jesus „Rabbuni“ genannt wurde oder mit einem der ähnlichen Titel wie „Meister“, „Lehrer“, „Rabbi“ angesprochen wurde. Von da an war Er der auferstandene, triumphierende, mächtige Herr.

Es genügt nicht, daß wir Christus diesen überlieferten Ehrentitel zuschreiben. Wir müssen Ihn auch als unseren auferstandenen Herrn kennen. Auch wir haben den Auftrag, die gute Nachricht von dem, was wir erlebt haben, weiterzugeben.

Wenn unser geistliches Auge auf den Auferstandenen gerichtet ist und wir Ihn in Seiner großen Macht erkennen, sehen wir

Ihn, wie Er jetzt wirklich ist, und werden Seine Botschaft anderen weitersagen. Es muß klar werden: Jesus ist unser Schicksal!

Auferstandener Christus, halte mich immer unter dem Eindruck Deiner mächtigen Auferstehung.

DAS BLEIBENDE WERK UNSERES HERRN

41

Schilo (dem der Herrscherstab gehört)

„Nie weicht von Juda das Zepter, der Herrscherstab von seinen Füßen, bis der (Schilo) kommt, dem er gehört, dem der Gehorsam der Völker gebührt.“
(1. Mose 49,10)

Dieser Titel stammt aus dem Segen Jakobs, der vor seinem Sterben jedem seiner Söhne weissagte. Wenn wir Jakobs Verheißungen lesen, merken wir, daß es scharfen Tadel gab, wo moralisches Fehlverhalten vorlag. Wankelmütigkeit, ungezügelte Leidenschaft und Grausamkeit haben Privilegien verwirkt. Wir sehen aber auch, daß für die Stämme Juda und Joseph ein besonderer Segen bereit war.

In der Weissagung über Juda entdecken wir ein Mosaikstück messianischer Prophetie. Es wird der Stamm benannt, aus dem der Messias kommen wird.

Und dann wird der rätselhafte Name „Schilo“ gebraucht. Er kommt von einem Verb, das „ruhen“ oder „liegen“ bedeutet. Er spricht prophetisch von der Ruhe und dem Frieden, den Jesus den Seinen gibt. In dieser von Kriegen beunruhigten Welt gibt es Millionen, denen dieser Titel Beruhigung und Ermutigung ist. Christus kann uns inneren Frieden und Ausgeglichenheit inmitten von Tumulten und Ängsten und Sorgen der äußeren Welt geben.

In Paris sah ich auf der Rue de la Paix, der Straße des Friedens, ein großes und reich verziertes Napoleon-Denkmal. Ich fand es doch reichlich merkwürdig, daß diesem Mann des Krieges und des Blutvergießens ein so hervorgehobener Platz auf der Straße des Friedens eingeräumt wurde. Christus wird nach Jahrhunderten der Kämpfe und der Kriege der einzige Herrscher sein, der wirklich Frieden bringen wird.

In Tennessee gibt es einen Ort mit dem schönen Namen Schilo (Shiloh), doch ist er nur als Ort des Blutvergießens bekannt. In den Geschichtsbüchern erscheint er als Kriegsschauplatz des Bürgerkrieges, auf dem 25 000 Männer fielen. Dieser Ort war weit davon entfernt, der Bedeutung seines Namens gerecht zu werden.

In Seinem Buch „Frieden der Gedanken" spricht Joshua Liebman von einem Erlebnis, das er als Junge hatte. Er stellte eine Liste zusammen, die seiner Meinung nach die besten Dinge des Lebens aufführte, und ging damit zu einem älteren Mann, der ihm immer ein guter Ratgeber war. Als er ihm die Liste zeigte, erwartete er, für seine Auswahl und Urteilskraft gelobt zu werden.

Die Liste enthielt solche guten Dinge wie Gesundheit, Begabung, Schönheit, Reichtum usw. Der alte Mann ging die Liste durch, holte einen Kugelschreiber und strich alles durch. Danach sagte er feierlich: „Mein Junge, du magst all diese Dinge haben, doch sie werden dir zu Feinden anstatt zu Freunden, wenn du nicht das eine hast, was du versäumt hast aufzuschreiben." Dann schrieb er auf das Papier: „Die Gabe eines frohen Gemüts!"

Das ist die Gabe, die uns „Schilo" geben will. Inmitten von Streß und Unruhe, von tragischen Begebenheiten und Schrecken der Welt, will Er uns die Gabe eines frohmütigen Geistes geben.

Jesus Christus wird jeder Bedeutung Seiner großen Titel gerecht. Sie stehen alle in vollem Einklang mit Seinem Wesen und Seinem Werk. Er ist der Einzige, der die innere Unruhe stillen kann. Wie Er die vom Sturm gepeitschten Wellen des Sees Genezareth stillte, so kann Er auch die Stürme und Wellen, die unser Leben bedrohen und uns unseren Frieden rauben wollen, stillen.

In diesem Zusammenhang wollen wir auch Seine gnädige Verheißung in Matthäus 11,28 nicht vergessen: „Kommt her zu Mir alle, die ihr mühselig und beladen seid, Ich will euch erquicken."

Quelle des Friedens, gib mir Deine große Gabe der inneren Ruhe und des wohlgemuten Geistes.

42

Stern

„Ein Stern geht in Jakob auf."
(4. Mose 24,17)

Die Geschichte Bileams bildet einen der rätselhaften Teile der alttestamentlichen Geschichte (4. Mose 22-25). Er war ein Mann der Gegensätze, der zwischen Gut und Böse zu schwanken schien. Er war ein Prophet des Höchsten und sprach Segen über Israel aus, aber gab auch Rat, wie dem Volk Schaden zugefügt werden konnte. Er ist ein Beispiel im Hinblick auf die feierliche Warnung Christi, daß man nicht zwei Herrn dienen kann. Wir können nicht Gott und dem Mammon dienen.

Balak, der König von Moab, war besorgt: Bereits waren Nachbarstädte erobert worden, und Israel konnte einen ähnlichen Vorstoß starten, um seine Stadt einzunehmen. Er ließ den Seher Bileam rufen und bat ihn, Israel zu verfluchen, doch der sprach nur Gutes über Israel aus.

Schließlich war es aber der gleiche Bileam, der den Rat gab, man müsse es über die Verlockung durch moabitische und midianitische Frauen versuchen, Israel beizukommen. Der Ausgang war der, daß Bileam starb und 24 000 Israeliten durch eine Plage dahingerafft wurden (4. Mose 25,9;31,8,16). Der Name Bileam wurde der Inbegriff von Habgier (Judas 11) und Verführung (Offenbarung 2,14).

Aber bevor Bileam diesen Versuchungen erlag, sprach er vier Weissagungen aus. Sie waren bemerkenswerte Voraussagen darüber, welche einflußreiche Rolle Israel spielen und daß der Segen Gottes auf diesem Volk ruhen wird.

In seiner vierten und letzten Weissagung hatte Bileam eine außerordentliche Vision: „Ich sehe Ihn, aber nicht jetzt. Ich erblicke Ihn, aber nicht in der Nähe. Ein Stern geht in Jakob auf" (4. Mose 24,17). Es wird Einer kommen, der zukünftig über Israel herrschen wird, nicht jetzt, Er ist noch nicht nahe.

Der Stern war damals das Symbol für eine große Führerpersönlichkeit. Viele Kommentatoren sehen diesen Text als Weissagung auf den Messias an – auf Christus, der aus der Linie Jakobs kommt, dessen Geburt durch einen Stern verkündet wurde und der der endgültige Regent Seines Volkes sein wird.

Es gibt fast nichts in der physischen Welt, das mit der Herrlichkeit und Größe der Sterne verglichen werden kann. Ihr kolossales Ausmaß, ihre unermeßliche Energie und ihr Glanz bringen uns ins Staunen. Ihre Präzision befähigt die Menschen von alters her, den Weg über Land und Meer zu finden, wenn sie diese Himmelswegweiser beachteten. Wir rechnen sogar unsere Zeit millisekundengenau nach diesen zuverlässigen Himmelsuhren.

Für uns Christen ist Christus der große Stern. Seine Kraft ist unermeßlich. Seine Strahlen durchdringen die tiefste Dunkelheit der menschlichen Seele. Er ist der unfehlbare Führer, der uns sicher auf unserer Lebensreise geleitet. In der kommenden Welt werden wir uns erst recht der unvergleichlichen Größe und Herrlichkeit Jesu erfreuen können.

Mit Horatius Bonar stimmen Christen ein Lied an, das die Wahrheit dieses Titels zum Thema hat:

Ich höre Jesu Stimme rufen:
Ich bin das Licht der dunklen Welt.
Schaut auf Mich,
dann wird euch ein neuer Morgen
und ein neuer heller Tag.
Ich sah Jesus, ich fand Ihn,
meinen Stern, meine Sonne,
in Seinem Licht will ich wandeln,
bis meine Pilgerschaft zu Ende ist.

Christus, sei der Stern meines Lebens. Ich möchte Deine Strahlen fassen und mich Deiner Führung anvertrauen.

43

Zepter

„Ein Zepter erhebt sich in Israel."
(4. Mose 24,17)

„Ein Stern geht in Jakob auf, ein Zepter erhebt sich in Israel" lautet die Weissagung Bileams, die Gottes besonderen Segen für Israel zum Ausdruck bringt. Während der Stern einen außerordentlichen Führer symbolisiert, ist das Zepter ein Zeichen von Autorität.

Damals wurde die Autorität und Macht des Königs durch zwei Dinge dargestellt: durch seine Krone und sein Zepter. Das Zepter war ein reich verzierter Stab, den er bei zeremoniellen Anlässen als Symbol der Herrscherwürde in Händen hielt.

Ein Ereignis aus dem Alten Testament ist in diesem Zusammenhang aufschlußreich: Esther mußte in die Gegenwart des Königs treten, um ihr Volk vor der geplanten Vernichtung zu retten. Aber es gab ein Gesetz, daß jeder getötet werden mußte, der in den inneren Köngishof vordrang, ohne vom König gerufen worden zu sein. Eine Ausnahme gab es jedoch dann, wenn der König sein Zepter zu dem Eintretenden ausstreckte (Esther 4,11).

Nach drei Tagen des Fastens kam der dramatische Augenblick, als Esther ihr Leben riskierte und zum König vordrang, der auf seinem Thron saß. Dann wird berichtet: „ ... fand sie Gnade vor seinen Augen. Der König streckte ihr das goldene Zepter entgegen, das er in der Hand hielt. Esther trat näher und berührte die Spitze des Zepters" (5,2). Der Mut Esthers wurde belohnt, und sie konnte ihr Volk vor der Auslöschung bewahren.

Christus erklärt: „Mir ist gegeben alle Gewalt im Himmel und auf Erden" (Matthäus 28,18). Er hat nicht nur das Zepter der höchsten Macht in Händen, Er ist das Zepter. Er ist die göttliche Kraft und Autorität.

Der Mensch in seinem sündigen Zustand kann sich dem heiligen und gerechten Gott nicht nahen. Aber Christus, das Zepter, ist zu uns ausgestreckt. Wenn Er unser Leben berührt und begnadigt, können wir in die Gegenwart Gottes, des Vaters, treten. Anstatt dem Zorn Gottes, den wir verdient hatten, ausgeliefert zu sein, dürfen wir statt dessen Seine Liebe, Seine Gnade und Seinen Segen erfahren.

Mit den Liederdichtern Bridges und Thring dürfen wir unsere Stimmen zu dem Lied: „Krönt Ihn mit vielen Kronen“ erheben:

Krönt, krönt Ihn unseren Herrn,
der Frieden uns gebracht
und dessen Zepter allem Streit
der Welt ein Ende macht.
Sein Reich bleibt ewiglich,
ob's jetzt nicht sichtbar ist,
bekennen wird es jeder Mund,
daß Christus König ist.

Herr, habe Du die Oberherrschaft über alle meine Motive und Aktionen, mein Streben und Trachten, mein Tun und Wollen.

44

Erlöser

„Mein Erlöser lebt.
Als letzter erhebt Er sich über dem Staub.“
(Hiob 19,25)

Aus dem Buch Hiob stammt dieses textliche Juwel. Es strahlt um so heller, weil es aus einer von Dunkelheit geprägten Situation kommt. Hiob mußte in kurzer Zeit den Verlust seines Besitzes, seiner Kinder, seiner Gesundheit hinnehmen und auch noch den Tadel seiner Frau und den Argwohn seiner Freunde ertragen. Er hätte gut und gerne der größte Pessimist der Welt werden können. Statt dessen erleben wir, daß er trotz seiner schlechten Lage eine Hoffnung hat: „Doch ich, ich weiß: Mein Erlöser lebt.“

Was hatte das Wort „Erlöser“ für eine Bedeutung, als es damals von Hiob geäußert wurde? Das hebräische Wort „goel“ meinte den „Löser“, dessen Pflicht es war, seinen nächsten Verwandten, der aus Not seinen Besitz oder sich selbst verkauft hatte, zurückzukaufen, d. h. ihn zu erlösen.

Wir waren Gefangene der Sünde und des Satans. Aber Jesus holte uns aus dieser Sklaverei heraus und gab uns die Freiheit.

Das Wort beinhaltete also in seiner ursprünglichen Bedeutung, daß jemand das verlorengegangene Erbe eines Verwandten bzw. ihn selbst wiederbrachte. Der „Löser“ war sozusagen der Verteidiger nicht nur der Person des Verwandten, sondern auch seines Besitzes. Das war Teil der mosaischen Vorschriften.

Der Verlust des Paradieses war für den Menschen eine Tragödie. Die Sünde brachte ihn um sein geistliches Erbe. Sie raubte ihm seinen Adel. Sie ließ ihn als Unglücklichen und geistlich Verarmten zurück. Aber Christus, unser Erlöser, hat uns das verlorene Gut wiedergewonnen. Er ist unser älterer Bruder, der große Verwandte, der sich für uns einsetzte und das für uns zurückgewann, was wir verloren hatten.

Diese Aussage Hiobs bildet einen Höhepunkt seiner Gespräche. Sie verkündet die Botschaft, die die Welt heute am nötigsten braucht: Jesus lebt und wird eines Tages wiederkommen.

Hiob erkannte durch das Fernrohr des Glaubens die große Wahrheit der Unsterblichkeit: „Ohne meine Haut, die so zerfetzte, und ohne mein Fleisch werde ich Gott schauen“ (Vers 26).

Seine Erklärung ist ein alttestamentlicher Markstein des Glaubens und der Wahrheit. Die Menschheit mußte auf die Auferstehung unseres Herrn und die erhellenden Einsichten des Neuen Testaments warten, bis die Unsterblichkeit der Gläubigen klarere Umrisse gewann.

William Jennings Bryan bringt in seiner Abhandlung „Friedefürst“ diesen Glauben zur Sprache:

> Wenn der Vater ihn berührt,
> mit Seiner göttlichen Kraft berührt,
> wird der kalte, leblose Kern
> des vergrabenen Samenkorns lebendig
> und sproßt aus seinem Gefängnis empor.
> Er, der das Korn in der Erde Schoß belebt,
> wird Er den Menschen
> im Schoß der Erde vergessen,
> der nach Seinem Bilde geschaffen wurde?
>
> Wenn Er sich beugt, um dem Rosenstrauch,
> dessen alte Blüten im Herbstwind davonflogen,
> die frohe Ankündigung
> eines neuen Frühlings zu geben,
> wird Er dem Menschen
> Worte der Hoffnung vorenthalten,
> wenn der Lebenswinter gekommen ist?
>
> Wenn die Materie, die stumm und unbelebt ist
> und durch die Naturkräfte eine Vielfalt
> von Formen angenommen hat, nicht stirbt,
> wird da der Geist des Menschen
> ausgelöscht werden,
> der wie ein königlicher Gast
> der Erde einen Kurzbesuch abstattete?

Das Leben nach dem Tode wird durch diese jahrtausendealte inspirierte Aussage bestätigt, die noch heller im Licht der Auferstehung unseres Herrn aufleuchtet.

Mein Erlöser, ich danke Dir, daß Du mich errettet hast, mich aus der Gefangenschaft Satans befreit und mir durch Deine Gnade das Paradies beschert hast.

45

Blume auf den Wiesen des Scharon

„Ich bin eine Blume auf den Wiesen des Scharon."
(Hohelied 2,1)

Aus dem Hohelied, dem Liebeslied der Bibel, haben wir ein Titelpaar, das Jesus zugeschrieben wird: „Rose von Saron" und „Lilie im Tale" (andere Übersetzung).

Diese beiden Titel stehen im Kontext einer ausdrucksvollen Liebesbekundung, in der viele Ausleger ein Sinnbild auf die Beziehung zwischen dem Herrn und den Seinen sehen. Es ist ein Liebeszwiegespräch in intimer, zärtlicher Sprache. Die Geliebte sehnt sich nach der Gegenwart des Geliebten und seinem Wohlgeruch. Schon allein sein Name bringt sie in Verzückung. „Köstlich ist der Duft deiner Salben, dein Name hingegossenes Salböl!" (1,3).

Diesen prächtigen Titel unseres Herrn finden wir auch in Liedern wie „Jesus, Rose von Scharon", „Hab gefunden die Rose Scharons" oder „Er, die Lilie von dem Tale". Unser Herr ist wie eine köstliche Blume, die auf einem entlegenen Feld wächst. Wir entdecken Seine Schönheit, wenn wir uns vom Getriebe der Welt lösen, in die Abgeschiedenheit gehen und dort in die köstliche Gemeinschaft mit dem Geliebten unserer Seelen eintreten. Dann werden wir auch freudig feststellen: „In das Weinhaus hat Er mich geführt. Sein Zeichen über mir heißt Liebe" (2,4).

Mit „Blume von Scharon" (Scharon ist die Küstenebene am Mittelmeer) ist wahrscheinlich die Narzisse oder der Wiesensafran gemeint. Sie schmückten die Landschaft mit ihrer grazilen Schönheit und erfüllten die Luft mit süßem Wohlgeruch. Als Wort in bezug auf den Herrn spricht es zu uns von Seiner Schönheit und dem Wohlgeruch, die Er denen ist, die Ihn lieben.

In einem Tal in Rumänien werden viele Rosen angepflanzt, die dann vor allem in Wien auf den Markt kommen und von denen auch Extrakt gewonnen wird. Wenn man zur Zeit der Rosenblüte das Tal bereist, trägt man, wo immer man auch hingehen mag, für den Rest des Tages den Rosengeruch mit sich herum (der verrät, wo man gewesen ist).

Es gibt eine schöne Parabel, die von dem persischen Poeten und Lehrer Saadi stammt. Man brachte dem Poeten ein Stück gewöhnlichen Tons. Dieser Ton duftete so stark, daß der ganze Raum von seinem Duft erfüllt wurde.

„Was bist du, Moschus oder Ambra?“ fragte Saadi.

„Weder noch“, war die Antwort, „ich bin nur ein einfaches Stück Ton.“

„Von wo hast du denn diesen erlesenen Wohlgeruch?“

„Ich befand mich den ganzen Sommer über neben einer Rose!“ antwortete der Ton.

Wir sind nur gewöhnliche Tonstücke der Menschheit. Aber wenn von dem Einen, der „die Blume von Scharon“ und „die Lilie im Tale“ ist, Wohlgeruch in unser Leben hineinkommt, werden wir ein erfrischender und wohlriechender Einfluß auf die Welt um uns her sein.

Blume von Scharon, entfalte Dich und blühe und gib Deinen Wohlgeruch in mein Leben hinein.

46

Lilie der Täler

„Ich bin … eine Lilie der Täler.“
(Hohelied 2,1)

Manche meinen, daß damit der scharlachrote Martagon oder die weiße Amaryllis (Narzissenlilie) gemeint ist. Die Namen der Blumen, in Verbindung mit dem Herrn gebracht, drücken auf ihre Art etwas vom Wesen und Auftrag Christi aus.

Die weiße Amaryllis wird nur etwa zehn Zentimeter hoch und hat einen hängenden Kopf. Sie steht sinnbildlich für Demut und den Einen, der sagte: „Lernt von Mir, denn Ich bin sanftmütig und von Herzen demütig“ (Matthäus 11,29).

Wie diese niedrigen Blumen auf dem Feld, die oft von den Menschen zertreten wurden, demütigte sich Christus und setzte sich der Brutalität der Menschen aus.

Der Titel spricht aber auch von der Schönheit Christi. Jesus bezeugt, daß die Lilien des Feldes mit einer Schönheit geschmückt sind, mit der sich auch die Herrlichkeit Salomos nicht messen kann. Das Leben Christi strahlt Schönheit aus durch seine Reinheit, Heiligkeit, Liebe, Kraft, Freude und Güte.

Und diese Schönheit vergeht nicht, sie bleibt makellos. Und Seine Liebe hört niemals auf. Und was für ein Wunder: Ganz gewöhnliche Menschen können die Schönheit Seines gewinnenden Wesens und Seiner Heiligkeit reflektieren.

Der verstorbene Albert Orsborn schrieb ein Lied, das das Herzensverlangen ausdrückt, an Seiner Schönheit teilzuhaben:

Daß die Schönheit Jesu in mir gesehen werde,
Seine Liebe und Reinheit.
O göttlicher Geist, läutere mein Wesen,
daß die Schönheit Jesu mehr in mir Gestalt gewinnt.

Dieser Titel spielt auch auf den Wohlgeruch an, der von Jesu Leben ausgeht. Die weiße Amaryllis hatte einen besonders süßen

Duft. Wir dürfen an dem geistlichen Wohlgeruch des Lebens Christi teilhaben und ihn weitergeben.

Jesus, Lilie der Täler, blühe in all Deiner Schönheit im Garten meines Herzens.

47

Wunderbarer Ratgeber

„Man nennt Ihn: Wunderbarer Ratgeber."
(Jesaja 9,5)

Die King-James-Übersetzung trennt die beiden Titel: „Man nennt Ihn: ‚Wunderbar', ‚Ratgeber'." Heute betrachten die Gelehrten das Komma zwischen den beiden Wörtern als einen Fehler, so daß die neueren Übersetzungen den Titel als „wunderbarer Ratgeber" wiedergeben.

Jesaja gibt uns in diesem herrlichen Vers eine ganze Gruppe von Titeln. Sie verkünden die vortrefflichen Eigenschaften und Wesenszüge des messianischen Königs. Dieser erste Titel betont Seine Weisheit.

Wir müssen gestehen, daß wir weisen Rat nötig haben und die Führung Gottes brauchen. Das Leben ist oft so kompliziert, verwirrend und mit Problemen beladen, daß wir unbedingt göttlichen Rat brauchen.

Ein Seelsorger (im Englischen das gleiche Wort wie für Ratgeber) ist jemand, der uns hilft, Situationen richtig einzuschätzen und uns entsprechend zu verhalten. Seelsorger sind Wächter über die Krisen des Lebens. Das ist eine gewaltige und heilige Verantwortung. Welche wichtigen Eigenschaften muß ein Seelsorger haben?

Ein Seelsorger muß immer erreichbar sein. Christus ist so nahe, daß ein geflüstertes Gebet genügt. Er ist immer da, nie auf Reisen oder zu beschäftigt. Er hört unser Gebet und kann uns gleich zu Hilfe kommen.

Der vertrauliche Aspekt der Seelsorge ist bei Christus gegeben: Ihm können wir die intimsten Dinge unseres Lebens sagen.

Er ist mitfühlend und liebend um uns besorgt. Ihm sind wir nicht ein Fall, sondern ein Kind; keine problematische Person, sondern eine Person mit Problemen, aber auch mit Potential.

Er kennt uns und unsere Nöte und weiß, was das Beste für uns ist. Ein Seelsorger muß über die Person im Bild sein, die er berät. Manche Seelsorger versagen, weil sie nicht zum richtigen Verständnis der Person gelangen.

Es ist nicht einfach, die Hintergründe der menschlichen Motivationen und die Dinge des Unterbewußtseins, die oft unser bewußtes Lebens beeinflussen, zu erkennen. Johannes schreibt: „Er kannte sie alle und brauchte von keinem ein Zeugnis über den Menschen, denn Er wußte, was im Menschen ist" (2,24-25). Christus kennt und versteht uns besser als wir selbst.

Er ist ein kompetenter Seelsorger und hat alle Hilfsquellen zur Verfügung für uns. Er ist allgegenwärtig und allwissend. Sein Rat ist weise. Er wird uns die richtigen Schritte führen.

Ein anderes wichtiges Erfordernis für einen Seelsorger ist, daß er eine gute Kommunikation mit dem Ratsuchenden hat. Er muß fähig sein, die Dinge verständlich zu machen und Mittel aufzuzeigen, mit denen die Situation angegangen werden kann.

Unser Kommunikationsmittel ist das Gebet. Im Gebet können wir mit Christus sprechen und alle Dinge vor Ihm ausbreiten. Aber Gebet sollte nicht ein Monolog, sondern ein Dialog sein. Christus will auch zu uns sprechen können. Wenn wir stille sind, kann Er uns Weisung geben, indem Er in uns eine innere Überzeugung wachsen läßt, indem Er uns Gewißheit in einer Sache gibt oder unser Gewissen empfindsam macht. Und hat Er uns nicht Sein Seelsorgerhandbuch für das Menschenherz hinterlassen: Sein Wort, das zu uns spricht?

Wir dürfen vertrauensvoll und zuversichtlich zu Ihm kommen und Ihm unsere Verletzungen, unser Versagen, unser Wünschen und Wollen und unsere Bedürfnisse und Sehnsüchte bringen. Einen besseren Seelsorger als Christus gibt es nicht. Er ist ein wunderbarer Ratgeber.

Wunderbarer Ratgeber, ich komme mit meiner Torheit zu Dir und Deiner Weisheit, mit meiner Unruhe und Verwirrung zu Deiner Ruhe und Führung, mit meiner Dunkelheit zu Deinem Licht, mit meiner Zukunft zu Deinem Vorherwissen, mit meinem Leben auf Deinen Weg und Willen.

48

Fürst des Friedens

„Man nennt Ihn … Fürst des Friedens."
(Jesaja 9,5)

Frieden scheint oft das zu sein, was am meisten gesucht, aber am wenigsten erreicht wird. Die Welt schreit nach Frieden. Die eifrigen und aufopferungsvollen Bemühungen vieler Politiker und Diplomaten gelten dem Frieden. Und doch scheint die Geschichte ihre Bemühungen zu verspotten und die Nutzlosigkeit der Suche des Menschen nach Frieden zu bestätigen.

Ein französischer Historiker errechnete, daß es vom 15. Jahrhundert vor Christus an bis in unsere Zeit 3130 Jahre Kriegs- und nur 227 Friedensjahre gegeben hat. Das heißt, daß auf jedes Friedensjahr 13 Kriegsjahre kamen.

Heute leben wir unter der nuklearen Bedrohung, wo die Völker in Furcht vor ihrer Auslöschung leben. Bei einem Atomkrieg würde es eine enorme Zahl von Opfern geben.

Aber heute leben wir nicht nur in der Zeit der Atomspaltung, sondern auch der Persönlichkeitsspaltung. Der Mensch ist von Neurosen und Psychosen belegt, die ihm den inneren Frieden rauben. Die Ängste der Menschen sind so zahlreich und verschieden, daß Psychologen eine lange Liste brauchen, die von Akrophobie (Höhenfurcht) bis zu Zoophobie (Furcht vor Tieren) reicht.

Die Menschen sind von Unruhe geplagt und finden kaum noch Schlaf. Die Amerikaner sind diejenigen, die am meisten unter Schlaflosigkeit leiden und die jedes Jahr Milliarden für Tabletten ausgeben.

Die klassischen Worte Henry Thoreaus scheinen mehr in unsere als in seine Zeit zu passen: „Die Masse der Menschen führt ein Leben stiller Verzweiflung!"

Das Kernproblem ist das Problem des Kerns, nämlich des Herzens. Friede ist weniger eine äußerliche Atmosphäre als eine innere Haltung. Jesus gibt ein inneres Gleichgewicht inmitten äußerer Unruhe. Als Friedefürst läßt Er uns Seinen Frieden zukommen. Wir dürfen ihn hauptsächlich auf drei Beziehungsebenen erfahren:

1. Christus befähigt uns zum Frieden mit Gott durch Sein Erlösungwerk. Die Sünde trennte den Menschen von Gott. Das Kreuz von Golgatha ist die große Brücke über die sonst unpassierbare Schlucht der Sünde. Sie führt den Mensch aus der Situation des Sündenfalls heraus und zurück zu seinem heiligen Schöpfer. Augustinus schrieb:

   „Du hast uns für Dich selbst geschaffen, und
   unser Herz ist ruhelos, bis es Ruhe findet in Dir."

2. Christus befähigt uns zum Frieden mit uns selbst. Er löst die inneren Konflikte, Spannungen und widerstreitenden Regungen, die uns unsere Gemütsruhe rauben. Er stillt den Bürgerkrieg im Herzen durch die Gegenwart und das Werk des Heiligen Geistes.
3. Wenn wir Frieden mit Gott haben und mit uns selbst, werden wir auch Frieden auf der dritten Beziehungsebene haben: mit unseren Mitmenschen. Wenn wir wirklich die Vaterschaft Gottes erkannt haben, lernen wir auch die Praxis der menschlichen Bruderschaft. Wenn die senkrechte Beziehung in Ordnung ist, wird auch die waagerechte Beziehung in Ordnung kommen.

Die vier erhabenen Titel dieser Passage sprechen uns auf vier göttliche Eigenschaften an: „Wunderbarer Ratgeber" spricht von Seiner Allwissenheit, „mächtiger Gott" von Seiner Allmacht, „Vater der Ewigkeit" von Seiner Allgegenwart und „Friedefürst" von seiner Allgenügsamkeit. Sein Wohlwollen und sein kreativer Reichtum kommt uns zugute.

Der Prophet Jesaja verkündet uns an anderer Stelle das Geheimnis des Friedens: „Du schenkst ihm Ruhe und Frieden, denn er verläßt sich auf Dich" (26,3). Wenn Herz und Gedanken auf Christus gerichtet sind, werden wir innere Ruhe und Gelassenheit auch mitten in den Stürmen des Lebens erfahren.

Friedefürst, stimme mein Herz auf Dein Herz ein, damit keine Disharmonie in den Anliegen besteht und kein Disakkord der Eigenwilligkeit.

49

Zeichen für die Nationen

„An jenem Tag wird es der Sproß aus der Wurzel Isais sein, der dasteht als Zeichen für die Nationen.“
(Jesaja 11,10)

Das Zeichen (andere Übers.: Banner) war eine Flagge, die, wenn sie auf einem Hügel gehißt wurde, das Sammelsignal für das Volk war. Jesaja weissagt hier also, daß Christus ein Banner sein würde, ein Sammelpunkt für das Volk.

Die Kaiser trugen das römische Banner durch die eroberten Länder, aber all ihre Herrlichkeit wurde zu Asche. Hitler hißte die Hakenkreuzfahne auf dem Olymp, der mystischen Behausung der alten griechischen Götter. Aber sein Drittes Reich brach in weniger als einer Generation zusammen und hinterließ einen Schutthaufen des Todes und der Schande.

Der Zimmermann aber erhob das Banner des Kreuzes, gehißt auf einem judäischen Hügel. Um Ihn sammeln sich Menschen ohne Zahl. Auf Golgatha wurde die jahrhundertealte Weissagung Jesajas erfüllt: „Und es wird geschehen zu der Zeit, daß das Reis aus der Wurzel Isais dasteht als Zeichen für die Völker“ (Jesaja 11,10 Lu).

Napoleon, ein Mann mit großem Intellekt, der viele siegreiche Schlachten schlug, verglich Christus mit sich selbst in dem einen Ziel, Menschen zur Hingabe an sich zu bewegen:

> Ich habe viele zu solch einer Hingabe inspiriert, daß sie für mich in den Tod gegangen wären. Aber um das zu erreichen, mußte ich immer anwesend sein, mit meiner Erscheinung und dem beschwörenden Einfluß meiner Blicke und meiner Stimme. Christus allein ist darin erfolgreich, den Sinn des Menschen so auf das Unsichtbare zu lenken, daß ihm Raum und Zeit nicht mehr von Bedeutung sind. Über die Kluft von 1800 Jahren hinweg stellt uns Jesus auch heute eine Forderung, die nicht leicht zu erfüllen ist ...

Er bittet um das Herz des Menschen. Er will es bedingunglos. Viele gehen auf Seine Forderung ein. Raum und Zeit zum Trotz wird die Seele des Menschen mit all ihren Kräften dem Reich Gottes zugeführt. Alle, die aufrichtig an Ihn glauben, bekommen eine bemerkenswerte, übernatürliche Liebe zu Ihm. Dieses Phänomen ist unerklärlich ... aber das ist es, was mir ganz überzeugend die Göttlichkeit Jesu beweist.

Herr, mit Deinen Nachfolgern aus allen Nationen will ich mich um das blutbefleckte Banner des Kreuzes sammeln.

50

Fürst und Gebieter

„Seht her: Ich habe Ihn zum Zeugen für die Völker gemacht, zum Fürsten und Gebieter der Nationen.“
(Jesaja 55,4)

Dr. Scott Peck, der Autor des Bestsellers „Die wenig befahrene Straße“, hatte gerade eine Ansprache bei der Kirchenleiterkonferenz in New York gehalten. Während der anschließenden Diskussionszeit fragte ich diesen bekannten Nervenarzt: „Was hat Sie zu Ihrer Hingabe an Christus bewegt?“

Dr. Peck erwiderte, daß es eine ganze Anzahl von Einflüssen über einen bestimmten Zeitraum gab. Der Wendepunkt aber kam erst, als er sich den Evangelien zuwandte, um für ein Buch Nachforschungen über Jesus anzustellen.

Er berichtete: „Was ich las, traf mich wie ein Hammerschlag. Ich begegnete einem außergewöhnlichen, aber realen Menschen. Wenn man mit dem Evangelium einen Mythos hätte schaffen wollen, hätte man es ganz anders angestellt. Der Jesus der Evangelien ist eines der bestgehütetsten Geheimnisse der Kirche. Beim Studium der Evangelien erfaßte mich die Liebe zu Jesus.“

Obwohl inzwischen fast 2000 Jahre vergangen sind, machte Christus auf diesen Intellektuellen unserer Tage einen unauslöschlichen Eindruck!

Wir neigen dazu, die Evangelien oberflächlich zu lesen und verlieren den Blick dafür, wie die dramatischen Ereignisse damals auf die Leute wirkten. Jesus zog die Menschen wie ein Magnet an, und viel Volks kam zusammen. Die religiösen Führer wurden in Staunen versetzt, die Kinder fühlten sich zu Ihm hingezogen. Rauhe, grobe Fischer verließen ihre Boote, um Ihm nachzufolgen. Junge Menschen waren bereit, ihr Leben Ihm zur Verfügung zu stellen. Der Einfluß, den Jesus auf die Menschen Seiner Tage machte und noch 2 000 Jahre danach macht, ist einfach erstaunlich.

In diesem alten Jesaja-Text wird unser Herr als „Fürst und

Gebieter“ vorgestellt. Das hebräische „nagid“ kann man statt mit „Fürst“ auch mit „Führer“ übersetzen. Es gibt Gebieter, die nicht wissen, wie man führt, und es gibt Führer, die nicht wissen, wie man gebietet. Aber Christus vereinte die Kunst der Leiterschaft und des Gebietens.

Zu Petrus sagte Er: „Folge mir nach“, und der große Fischer folgte Ihm auf dem Weg der Unsterblichkeit. Zu Matthäus sagte Er: „Folge mir nach“, und er schrieb sein Evangelium nieder, um die größte Geschichte aller Zeiten festzuhalten. Zu Paulus sagte Er: „Folge mir nach“, und Paulus folgte Ihm durch das Weltreich bis in die römische Gefangenschaft.

Zu William Booth sagte Er: „Folge mir nach“, und er wurde geleitet, sich der Armen in Jesu Namen anzunehmen. Zu Albert Schweitzer sagte Er: „Folge mir nach“, und er ging in den afrikanischen Dschungel. Zu Pater Damien sagte er: „Folge mir nach“, und er folgte Ihm auf die Insel der Leprakranken.

Wie Er vor Jahrhunderten am Ufer des Sees Genezareth den Leuten begegnete, so begegnet Er auch uns heute auf unserem Weg und gibt uns ebenfalls Seine große und gleichzeitig so gnädige Einladung: „Folge mir nach!“

Mit John Henry Newman laßt uns beten:

Führe, helles Licht
in der hereinbrechenden Dämmerung,
Es wird dunkel,
und ich bin noch nicht zu Hause.
Führe mich voran.
Gib auf meine Füße acht.
Ich bitte nicht darum,
mir entfernte Dinge zu zeigen,
sondern immer nur den nächsten Schritt,
das ist genug.

Teurer Herr, nimm meine Hand und führe mich auf den Pfaden der Gerechtigkeit und des Dienstes für Dich.

51

Der Herr, unsere Gerechtigkeit

„Man wird Ihm den Namen geben: Der Herr ist unsere Gerechtigkeit.“
(Jeremia 23,6)

„Und sie werden weggehen und die ewige Strafe erhalten, die Gerechten aber das ewige Leben“ sind die letzten Worte Christi der beinahe 100 Verse umfassenden Predigt auf dem Ölberg, die sich mit der Endzeit befaßt (Matthäus 24,3-25,46). Der Herr macht klar, daß nur die Gerechten in den Himmel kommen und ewiges Leben haben werden.

Aber was soll da mit uns werden, denn Jesaja bekennt für uns alle: „Unsere ganze Gerechtigkeit ist wie ein schmutziges Kleid“ (64,5)? Und Paulus bezeugt dieselbe Wahrheit: „Es gibt keinen, der gerecht ist, auch nicht einen“ (Römer 3,10). Wie finden wir heraus aus diesem Dilemma?

Indem wir mit Paulus sagen: „Ich sehe alles als Verlust an, weil die Erkenntnis Christi Jesu, meines Herrn, alles übertrifft. Seinetwegen habe ich alles aufgegeben und halte es für Unrat, um Christus zu gewinnen und in Ihm zu sein. Nicht meine eigene Gerechtigkeit suche ich, die aus dem Gesetz hervorgeht, sondern jene, die durch den Glauben an Christus kommt, die Gerechtigkeit, die Gott aufgrund des Glaubens schenkt“ (Philipper 3,8-9).

Aufgrund der Wertung des stellvertretenden Todes Christi für uns werden uns die Sünden abgenommen und uns Gerechtigkeit zugeschrieben.

Eine griechische Legende berichtet von Theseus, der sich freiwillig in das große Labyrinth unter der Stadt Minos einschließen ließ. Dort stand Theseus zwei Gefahren gegenüber: dem wilden Minotaurus, der alles verschlang, und dem Labyrinth selbst, das ein unendliches Netz von verschlungenen unterirdischen Gängen darstellte.

Unmittelbar bevor er in das Labyrinth trat, steckte ihm die schöne Prinzessin Ariadne heimlich eine Fadenrolle zu. Durch das

Abspulen der Rolle hatte er die Spur, durch die er wieder den Weg nach außen fand. Ohne Faden wäre er hoffnungslos verloren gewesen.

Wenn wir Satan und seine zerstörerische Kraft überwinden wollen, müssen wir auch unseren Weg durch das irdische Labyrinth zur ewigen Stadt finden. Nur die Gerechtigkeit Christi allein befähigt uns, dieses Ziel unseres Leben zu erreichen.

Charles Wesley übersetzte ein Lied von Zinzendorf, das diese Wahrheit ausdrückt:

Christ Blut und Gerechtigkeit,
das ist mein Schmuck und Ehrenkleid,
damit will ich vor Gott bestehn,
wenn ich in den Himmel werd eingehn.

Herr, meine eigene Gerechtigkeit ist wie ein schmutziges Kleid. Danke, daß jetzt Deine Gerechtigkeit für mich gilt.

52

Das Ersehnte aller Nationen

„Das Ersehnte aller Nationen wird kommen."
(Haggai 2,7 Elberf. Anm.)

Die Vaterlandsliebe der Amerikaner zeigte sich wieder einmal an jenem erinnerungswürdigen 4. Juli 1986, als unser Land das Jubiläum der Freiheitsstatue feierte. Es war etwas noch nie Dagewesenes mit Schiffsflotillien, spektaktulären Feuerwerken und viel Musik. Der Leiter der Feierlichkeiten war niemand anders als der Präsident selbst. In dem erhebenden Augenblick, als er „die Mutter der Exilanten", dieses Symbol der amerikanischen Freiheit, enthüllte, waren viele Amerikaner tief gerührt. Viele beteten: „Gott, segne Amerika" oder wünschten: „Möge das Land in der Freiheit heiligem Glanz erstrahlen", weil sie das Beste für das Land wollen, das sie lieben.

Der Prophet Haggai lebte in der Zeit, als das Volk Israel gerade aus der Gefangenschaft in sein Land zurückgekehrt war. Nun, nach der Rückkehr, begann für sie ein neuer Abschnitt ihrer Geschichte. Sie gingen daran, ihre Anbetungsstätte, den Tempel, wieder aufzubauen, jedoch erfuhren sie starken Widerstand von den benachbarten Völkern. Die Arbeiten wurden unterbrochen. Dann öffnete sich das Volk mehr und mehr für weltliche, materialistische Interessen.

Nachdem der Tempel etliche Jahre brachgelegen hatte, sandte Gott Dürren und Mißernten: „Ihr habt viel gesät, aber wenig eingebracht. Ihr eßt, aber werdet nicht satt. Ihr trinkt, aber seid noch durstig. Ihr kleidet euch, aber es wird keinem warm. Und der Lohnarbeiter erwirbt Lohn in einen durchlöcherten Beutel" (1,6 Elb).

Es war eine Botschaft für ein Volk, in dem jeder nur seine eigenen Interessen verfolgte. Der Prophet bezichtigte sie, so von sich selbst in Anspruch genommen zu sein, daß sie keine Zeit für die Dinge Gottes hatten (1,4;1,9).

Haggai hatte den Auftrag, das Volk zurück zu Gott zu rufen. Mitten in seiner Aufforderung finden wir diesen besonderen Titel, der unserem Herrn zugeschrieben wird: „Das (der) Ersehnte aller Nationen wird kommen." Hier steht das hebräische „chemdah", das „Kostbares, Begehrenswertes" bedeutet. Darin kommt der Segen zum Ausdruck, den ein Volk mit Christus erfährt.

Jesus Christus ist das höchste Gut und die Quelle wahrer Größe für eine Nation. Er ist der „Ersehnte aller Nationen". Er allein kann den kostbaren Segen geben, nach dem die Völker suchen und nach dem sie sich sehnen.

Wir sind alle in der Fremde, im Exil, und sind dem bedrückenden Feind unserer Seelen ausgesetzt – bis der Eine kommt, der uns Freiheit und Leben in Fülle bringt. Viermal lesen wir in den zwei Kapiteln Haggais die charakteristische Redewendung: „Richtet euer Herz ... " (1,5;2,15;2,18=2x/Elberf.). Alle Völker und Nationen: Richtet euer Herz auf den Einen, der mit Segen und Frieden kommt, und heißt Ihn willkommen.

Mit Charles Wesley laßt uns singen:

Komm, Du langersehnter Jesus,
komm, um Dein Volk zu befrein.
Von unseren Sünden erlöse uns
und laß uns Ruhe finden in Dir.

All der Deinen Trost bist Du
und die Hoffnung aller Enden.
Du Ersehnter aller Völker,
Freude der erwartungsvollen Herzen.

Ersehnter aller Nationen, mögen die Herrscher und Völker der Welt Dich als Herrn willkommen heißen und als den Einen, der wahren Frieden bringt.

53

König

„Juble laut, Tochter Zion! Jauchze, Tochter Jerusalem! Siehe, dein König kommt zu Dir. Er ist gerecht und hilft. Er ist demütig und reitet auf einem Esel, auf einem Fohlen, dem Jungen einer Eselin.“
(Sacharja 9,9)

Diese Weissagung ist untrennbar mit Jesu triumphalem Einzug in Jerusalem verbunden. Matthäus erklärt, daß dieser Einzug die Erfüllung der Prophetie ist, die unseren Text bildet (21,4-5).

Sacharja fordert das Volk zum Jubeln und Jauchzen auf, denn das Kommen des Königs ist ein Großereignis. Begeisterung, ja Überschwenglichkeit sollte es auslösen. In unserem Text und auch im Kontext werden einige charakteristische Merkmale Seines Reiches aufgeführt:

Wir treten in ein Reich der Freude ein. „Juble laut“ war die Aufforderung an das Volk. Er ist der König, der verkündet: „Ich bin gekommen, damit sie das Leben haben und es in Fülle haben“ (Johannes 10,10).

Es ist auch ein Reich der Gerechtigkeit. So viele Reiche der Welt werden ungerecht regiert. Korruption und Kriminalität sind an der Tagesordnung. Christi Reich jedoch ist ein Reich der Gerechtigkeit. Das ist durch Jesu Charakter und Macht gesichert: Er ist der Gerechte. Er ist der König der Gerechtigkeit.

„Und hilft“ (LXX: ein Retter ist Er) spricht von der Befreiung, die Er Seinem Volk bringt. Man hat die Sünde oft mit einer Grube verglichen, in die die Gefangenen hinuntergeworfen wurden. Ein Entkommen war unmöglich.

Aber mit Christus gibt es Hoffnung. Er kam, um uns Errettung aus der tiefen und unentrinnbaren Grube der Sünde zu bringen: „Auch deine Gefangenen werde Ich um des Blutes Deines Bundes willen freilassen aus ihrem Kerker, der wasserlosen Zisterne“ (Sacharja 9,11).

Unser Text spricht von Ihm als einem „demütigen“ König. Er

kam nicht mit dem Pomp und Gepränge der kurzzeitigen irdischen Könige. Er bestieg keine Kriegswagen, sondern ritt bei Seinem Einzug auf einem Tier, das ein Symbol der Schweigsamkeit ist. Sein Kommen hatte nicht mit Speeren, sondern mit Palmzweigen zu tun. Nicht die Rufe von Kriegern, sondern die Kindergesänge und ihre fröhlichen „Hosiannas" waren die Begleiterscheinungen Seines Kommens.

Sein Reich ist ein Reich des Friedens: „Er verkündet für die Völker den Frieden" (Vers 10). Viele Könige sind wegen ihrer Kriege und wenige wegen ihrer Friedensherrschaft bekannt. Die Menschheit war während der ganzen Weltgeschichte nicht fähig, beständig Frieden zu halten. Kriege scheinen unvermeidlich zu sein. Christus aber ist der König des Friedens.

Zum Schluß spricht der Prophet davon, daß Sein Reich allumfassend ist: „Seine Herrschaft reicht von Meer zu Meer" (Vers 10). Es wird keine geographischen, zeitlichen oder rassischen Grenzen geben. Menschen aller Orte und Zeiten, die Seine Herrschaft über sich anerkannt haben, werden Bürger jenes großen Reiches sein. Und der Herr ist König über alle.

Mit Ernest Shurtleff laßt uns beten:

Führe uns voran, ewiger König,
wir folgen Dir vertrauensvoll.
Freude und Fröhlichkeit kommen auf,
wenn, wie der Morgen eines neuen Tages,
Dein Angesicht uns zugewandt ist.

Dein Kreuz ist hoch erhoben,
wir wandeln in seinem Licht.
Die Krone erwartet den Überwinder,
führ uns voran, Du mächtiger Gott.

Mächtiger König des Universums, herrsche über jeden Gedanken und jede Tat meines Lebens. Möge meine Treue und mein Dienst mit dazu beitragen, daß bald Dein Friedensreich kommt.

54

Bote des Bundes

„Dann kommt plötzlich zu Seinem Tempel der Herr, den ihr sucht, und der Bote des Bundes, den ihr herbeiwünscht. Seht, Er kommt!, spricht der Herr der Heere.“
(Maleachi 3,1)

In der Bibel läßt sich die inspirierende und fortschreitende Geschichte der Bundesschlüsse verfolgen. Da war der Bund mit Noah (1. Mose 9,11), in dem Gott die Erhaltung der Menschheit verheißen hatte und dies mit dem Zeichen des „Bogens in den Wolken“ bestätigte. Dann haben wir den Bund mit Abraham (15,18), mit seinem Erbe für das jüdische Volk. Er wurde mit einer eindrucksvollen symbolischen Handlung geschlossen.

Dann, als Israel zum Volk geworden war, haben wir den mosaischen Bund (2. Mose 34,10), der die Beziehung Gottes zu Seinem Volk betraf. Davids letzte Worte sprechen von einem „ewigen Bund“ (2. Samuel 23,5), den Gott mit ihm schloß.

Es gibt verschiedene wichtige Merkmale, die die biblischen Bündnisse aufweisen:

1. Es war ein feierliches und heiliges Abkommen zwischen Gott und Mensch.
2. Gott war der Bundesstifter. Ein Endlicher kann nicht die Initiative gegenüber dem Unendlichen ergreifen.
3. Der Mensch war immer der Begünstigte. Die biblischen Bündnisse waren Vorboten großer Segnungen Gottes für den Menschen.
4. Ein Bund bezog sich auf eine ganze Gemeinschaft. Er galt nicht nur einem einzelnen. Noah war der Repräsentant der Menschheit. Der Bund mit Abraham galt seinem Samen auf alle Zeiten. Mose war der Vertreter des jüdischen Volkes. Der Bund mit David galt allen Nachkommen des großen Königs.

In den späten Schriften des Alten Testaments wurde das Konzept eines neuen Bundes entfaltet, den Gott mit den Menschen schließen wird. Jeremia erklärt, daß Gott einen „neuen Bund" eingehen wird (Jeremia 31,31). Es wird ein geistlicher Bund sein, in den alle Menschen eingeschlossen sind.

Im Neuen Testament lesen wir: „So ist Jesus zum Bürgen eines besseren Bundes geworden" – eines mächtigeren, vorteilhafteren Bundes (Hebräer 7,22). Er wird auch „der Mittler eines besseren Bundes" genannt (8,6).

Das Wort „Testament" ist gleichbedeutend mit dem Wort „Bund". Deshalb können die zwei Hauptteile der Bibel auch „Der Alte und der Neue Bund" genannt werden.

Die fortschreitende Bundesbeziehung hatte ihre letzte Entfaltung in Jesus Christus. Seine Erlösung besiegelte den Neuen Bund zwischen Gott und den Menschen.

Maleachi weissagt, daß der Herr als Bote des Neuen Bundes kommen wird. Er wird diesen Neuen Bund verkünden und in Kraft setzen. Daß Gott sich in einen Bund mit Menschen einläßt, ist eine gnädige Zuneigung. Dieses Wunder mag dem Intellekt Schwierigkeiten bereiten, das Herz aber kann es im Glauben erfassen.

„Der Herr ... wird kommen." Nach diesen Worten schwieg die Stimme der Prophetie über vier Jahrhunderte. Aber die große Verheißung war gegeben. Dank sei Gott, daß Er Seine Versprechen hält. Der Bote des Bundes kam und bereitete einen neuen und lebendigen Weg zu Gott.

Christus, ich danke Dir, daß Du auch mich in den Bund eingeschlossen hast. Hilf mir, nicht nur seine gnädigen Wohltaten anzunehmen, sondern auch den heiligen Verantwortungen gerecht zu werden.

55

Sonne der Gerechtigkeit

„Für euch aber, die ihr Meinen Namen fürchtet, wird die Sonne der Gerechtigkeit aufgehen, und ihre Flügel bringen Heilung. Ihr werdet hinausgehen und Freudensprünge machen wie Kälber, die aus dem Stall kommen.“
(Maleachi 3,20)

Was die Sonne der Erde ist, ist Christus der Seele. Christen könnte man sozusagen als Heliotropen bezeichnen. Das sind die Pflanzen (wie z. B. die Sonnenblume), die ihr „Gesicht“ in Richtung Sonne strecken. Ihre Blätter hängen traurig herunter, wenn die Sonne verschwunden ist. Ein Christ ist jemand, der sich der Sonne der Gerechtigkeit zugewandt hat und von ihr Leben und Segen empfängt.

Die Sonne ist unsere große Lichtquelle. Ohne ihre Strahlen würde die Erde ein dunkler, lebloser Planet sein. Christus ist die Lichtquelle unseres geistlichen Lebens. Er vertreibt die Dunkelheit und bringt strahlendes Licht in unser Leben.

Die Sonne ist ein Lebensspender. Im Herbst findet eine Art Sterben in der Natur statt. Die Pflanzen verlieren ihre Farbe oder verwelken und sind in den Wintermonaten wie abgestorben.

Aber wenn der Frühling kommt, geschieht ein Wunder. Es gibt eine Auferstehung, eine Wiederbelebung. Zarte Triebe finden den Weg nach oben, die Lebenskräfte werden aktiviert. Die Bäume beginnen, neue Blätter, Knospen und Blüten hervorzubringen. Es ist die Energie, die sie von der Sonne bekommen, die neues Leben bewirkt.

So gibt es ein geistliches Leben, das aktiviert wird, wenn es der Sonne der Gerechtigkeit ausgesetzt wird.

Die Sonne ist auch eine Quelle der Schönheit. Glanz und Farbe sind da, wenn die Sonne scheint. Sie offenbart die Schönheit des blauen Himmels, der Bäume und Wiesen und Gärten. Die Sonne der Gerechtigkeit schmückt das Leben mit den reichen Farbtönen Seiner Gnade. Sie bereichert und verschönt die Persönlichkeit, die Beziehungen, das ganze Leben.

Die Sonne ist das Zentrum unseres Sonnensystems. Früher nahm man an, das Universum sei geozentrisch. Man meinte, die Erde sei der Mittelpunkt, und alles andere drehe sich um sie. Das war das ptolemäische System, das aber keine richtigen Berechnungen zuließ.

Als Kopernikus das heliozentrische Prinzip entdeckte, ergab alles einen Sinn: Die Sonne war das Zentrum, und alles drehte sich um sie. Das gleicht unserem geistlichen Leben: Wenn das Leben selbstsüchtig-egoistisch ist und sich alles nur um sich selbst dreht, ist es leer und nutzlos. Wenn wir aber die Sonne der Gerechtigkeit im Zentrum unseres Lebens haben, bekommt alles einen Sinn und geht gut aus.

In unserem Text heißt es: „Ihre Flügel bringen Heilung." Die Sünde brachte Tod und Verwüstung für Leib und Seele, aber Christus bringt mit Seiner Erlösung Heilung für die Krankheit der Sünde. Seine Strahlen scheiden den Sündenbazillus aus und bringen der Seele Gesundheit.

Der Schlußgedanke in unserem Text ist der, daß die befreite Seele mit einem Kalb verglichen werden kann, das im Stall eingeschlossen war und plötzlich Auslauf bekommen hat. Es hüpft und springt und macht Kapriolen. Leben in Seiner Fülle wird uns durch die Sonne der Gerechtigkeit zuteil, so daß wir glücklich und voll Freude sind.

Die erste Verheißung an Adam war ein schwacher Funke. Aber hier, im letzten prophetischen Buch des Alten Testaments, hat sich der Funke zu einem Feuer ausgeweitet, zur Sonne der Gerechtigkeit, die die ganze Welt erhellt.

Sonne der Gerechtigkeit, erleuchte mein ganzes Sein mit Deinen Strahlen, so daß mein Leben von Deinem Licht und Deiner Schönheit erstrahlt.

56

Bräutigam

„Es werden aber Tage kommen,
da wird ihnen der Bräutigam genommen sein.“
(Matthäus 9,15)

Es ist eine Ehre, eine Einladung zu einer Hochzeit zu bekommen, denn damit wird angedeutet, daß man eine wichtige Person im Leben der Braut oder des Bräutigams ist. Die größte Ehre aber, die wir je erfahren können, ist die Einladung zur großen Hochzeitsfeier im Himmel: „Selig, wer zum Hochzeitsmahl des Lammes eingeladen ist!“ (Offenbarung 19,9). Wir sind aufgerufen, uns in die Familie Gottes aufnehmen zu lassen, die sich zu diesem außergewöhnlichen Ereignis zusammenfindet.

Der Schreiber von Patmos wird sich gewünscht haben, seine Feder in schillernde Tinte tauchen zu können, um die ihm offenbarte Szene zu beschreiben. Die Hochzeitsfeier im Himmel ist der große Höhepunkt der Geschichte, wenn Christus, der Bräutigam, sich mit Seiner Braut, der Schar der Gläubigen, vereinigt (Offenbarung 19,7-9).

Das Bild der Ehebeziehung im Verhältnis zu Gott hat seine Wurzeln schon im Alten Testament. Hosea hört Gottes Aussage: „Ich traue dich Mir an auf ewig“ (2,21). Jesaja verkündet: „Denn dein Schöpfer ist dein Gemahl“ (54,5). Jeremia gibt den Aufruf des Herrn wieder: „Kehrt um, ihr abtrünnigen Kinder, denn Ich bin euer Eheherr“ (3,14 Elberf. Anmerk.). Im Neuen Testament bezieht Jesus sich selbst als auf einen Bräutigam, als Er auf die Frage der Jünger des Johannes des Täufers eingeht (Matthäus 9,14-15).

Im Gleichnis der zehn Jungfrauen beschreibt Jesus sich als Bräutigam, der plötzlich erscheint und auf dessen Kommen wir vorbereitet sein sollen (25,1-13). Und Pauli Vorbild für die menschliche Ehe ist die Liebe Christi zu Seiner Braut, der Gemeinde (Epheser 5,22-33). Die Hochzeitsfeier im Himmel ist das große Ziel und die Erfüllung des Verlangens Christi, wenn Er die Seinen zu ewiger Gemeinschaft mit sich vereint.

Tennyson gibt diesem Gedanken einen erinnerungswürdigen Ausdruck in „St. Agnes Eve“:

> Auf mich wartet der himmlische Bräutigam,
> um mich rein von Sünden darzustellen.
> O Sabbat der Ewigkeit,
> Alles Licht, alles Freude:
> der Bräutigam mit Seiner Braut.

Danke, Herr, für die Einladung zum großen Hochzeitsmahl, die ich annehme: „Ja, ich werde kommen!“

57

Freund

„Darauf sagen sie: ... dieser Freund.“
(Matthäus 11,19)

Jesus zitiert Stimmen, die damals zu hören waren und die Ihn als „Freund der Zöllner und Sünder“ bezeichneten. Während Seines Wandels auf Erden war unser Herr als Freund derer bekannt, auf die man herabschaute und die hilfebedürftig waren. Welch größeres Vorrecht gibt es, als Ihn als Freund zu haben.

„Jeder Mensch sucht in seinem Leben nach Freundschaft“, schreibt Emerson. Ein guter Freund ist wahrlich ein großer Lebensschatz. Helen Parker hat es in ihrem Gedicht „Entdeckung“ so formuliert:

> Einer entdeckt Gold,
> ein anderer wird als Schiffbrüchiger gerettet,
> jemand entdeckt einen unbekannten Stern,
> ein anderer einen Krankheitserreger.
> Was immer auf mich zukommen mag:
> Ich habe einen Freund gefunden!

In den Sprüchen wird echte Freundschaft beschrieben: „Der Freund erweist zu jeder Zeit Liebe, als Bruder für die Not ist er geboren“ (17,17). Liebe ist die Grundlage echter Freundschaft. Sie sucht das Wohl des anderen. Sie gibt Zusammenhalt. Henry Ford bezeichnete einmal den als besten Freund, der ihm helfe, das beste in ihm zur Entfaltung zu bringen.

Wenn der Wert eines Freundes, wie es oft geschieht, nach seiner Liebe, seinen guten Eigenschaften und nach dem, was er uns bringen oder aus uns machen kann, bemessen wird, erkennen wir, daß wir unseren größten Freund in dem Einen haben, der uns mit unendlicher Liebe liebt, uns hilft und uns zum Besten befähigt.

Jesus sprach davon, was Freundschaft vermag: „Es gibt keine größere Liebe, als wenn einer sein Leben für seine Freunde hingibt" (Johannes 15,13). Golgatha ist die größte Liebestat, die uns je erwiesen wurde.

Es war im Ersten Weltkrieg. Ein Soldat im Schützengraben bemerkte, daß sein Freund verwundet im Niemandsland (das Gebiet zwischen den Fronten) lag. Der Soldat bat seinen Vorgesetzten, hinausgehen zu dürfen, um seinen Kameraden in Sicherheit zu bringen.

Der Offizier lehnte dieses Vorhaben jedoch ab: „Keiner bleibt dort am Leben. Wenn Sie hinausgehen, sind Sie ein toter Mann." Den Soldaten hielt es aber trotz dieser Absage nicht in seinem Schützengraben. Er kroch langsam zu seinem Freund. Es gelang ihm, ihn zurück zum eigenen Schützengraben zu ziehen, aber er hatte bei seinem Rettungsversuch eine Verwundung erlitten und lag nun selbst im Sterben.

Der Offizier war aufgebracht: „Ich habe Ihnen gesagt, daß Sie nicht hinausgehen sollen! Nun habe ich zwei gute Männer verloren. Das war es nicht wert!"

Mit schwacher Stimme entgegnete der Mann noch: „Aber es war es doch wert, denn als ich zu ihm kam, sagte mein Freund: ‚Jim, ich wußte, daß du kommen würdest.'"

Unser bester Freund ist der Eine, der Sein Leben für uns gegeben hat. Er ging ins Niemandsland und wurde tödlich verwundet, als Er uns von der Sündenverdammnis errettete. Die Bedingung Seiner Freundschaft hat Er uns mitgeteilt: „Ihr seid Meine Freunde, wenn ihr tut, was Ich euch auftrage" (Johannes 15,14). Seine Befehle sind keine Bürden, sondern Leben und Freiheit für die Seele.

Jesus, der Sie so sehr liebt, verließ den Himmel, um Ihnen Freund zu werden. Er wartet auf Ihre Antwort: „Mein Herr und Mein Gott." Dann dürfen Sie Seine unveränderliche, aber Sie verändernde Freundschaft erfahren.

Teurer Herr, mach mich Deiner Freundschaft würdig.

58

Starker Retter
(Horn des Heils)

„Er hat uns einen starken Retter erweckt.“
(Lukas 1,69)

Im Bericht des Lukas über die Geburt Jesu befinden sich hymnische Passagen. Einige Kirchen haben manche Worte dieser Hymnen in ihrer Liturgie.

Da haben wir die Verkündigung (Verse 28-37) durch den Engel Gabriel, der mit dieser Botschaft vom Himmel auf die Erde betraut war. Dann kommt Marias Lobgesang (Verse 46-55), das Magnifikat. Danach haben wir noch den Benediktus (Verse 68-79) von Zacharias, den Nunc dimittis (2,29-32) von Simeon und den lieblichen, psalmartigen Lobgesang der Elisabeth (1,42). Dazu kommt das Gloria in Excelsis der himmlischen Heerscharen, das in jener großen Nacht vom Himmel erscholl.

In einer Zeitung war eine Zeichnung, auf der die Eltern mit ihren kleinen Kindern vor einem Schaufenster standen. Mitten in den ausgelegten Waren stand ein Schild: „Laßt uns diese Weihnacht zur besten aller Weihnachten machen!“ Die Pointe gibt der Vater, der das Schild liest und fragt: „Wie können sie denn die ERSTE noch übertreffen?“ Möge uns die jedes Jahr gewohnheitsmäßig gehörte Weihnachsgeschichte nicht abstumpfen gegenüber dem Wunder der ersten Weihnacht.

Der Titel „Horn des Heils“ kommt zu uns aus dem Benediktus des Zacharias. Es ist ein Titel mit mehreren Interpretationsmöglichkeiten. Er bezeichnet vorwiegend Kraft und Macht, daher die Übersetzung: „Starker Retter“. Goodsped gibt den Titel mit „mächtiger Heiland“ wieder.

Bei einer Rinderherde ist der Bulle das stärkste Tier und ihr Beschützer. Die Hörner sind seine Waffe. Er vertreibt die Feinde, indem er den Kopf senkt und dann stürmisch angreift. Wehe dem, der auf die Hörner genommen wird! Christus als Horn des Heils und starker Retter ist unser großer Beschützer. Er errettet uns aus der Gewalt der Todfeinde unserer Seele. Er befreit und verteidigt uns.

In biblischen Zeiten wurde das Horn auch als Trinkgefäß benutzt. Es wurde so beschnitten, daß man daraus trinken konnte. Von Christus erhalten wir das Getränk des lebendigen Wassers, das den tiefen Durst unseres Lebens stillt.

Das Horn wurde auch als Musikinstrument verwendet. Das Widderhorn war ziemlich lang und gab einen guten Klang ab. Wir werden daran erinnert, daß Christus die Dissonanzen unseres Lebens in Harmonie verwandelt. Seine Gegenwart und Macht lassen Gedanken, Neigungen, Gefühle und Handlungen zu einem harmonischen Ganzen werden.

Schließlich sollen noch die Hörner erwähnt werden, die sich an den Enden des Altars befanden. Ein Flüchtender konnte sie ergreifen, und sein Verfolger durfte ihm dann nichts mehr antun. Neben dem Altar befanden sich andere wichtige und schöne Dinge, aber sie alle konnten einer Person in Todesgefahr nicht helfen. Das Horn allein bot die Zuflucht. An dem rauhen Altar des Kreuzes brachte Jesus das größte Opfer dar, damit wir ihn fassen und Zuflucht für unsere Seelen finden.

Der Titel ist auch mit den Ereignissen um Jesu Geburt verbunden. Menschen geben uns die Ehre, uns zu besuchen. Als Christus, der Sohn Gottes, auf die Erde kam, wurde damit der Menschheit die größte Ehre zuteil: Er kam zu uns, und wir durften Seine Liebe erfahren. Christus kam durch das Wunder der Menschwerdung als unser Horn des Heils, als unser starker Retter. Als solcher ist Er unser Beschützer, Versorger, Helfer und derjenige, der Harmonie schafft.

Mächtiger Christus, wandle meine Schwäche in Stärke, meine Niederlagen in Siege, meine Prüfungen in Bewährungen.

59

Lamm Gottes

„Seht, das Lamm Gottes,
das die Sünde der Welt hinwegnimmt.“
(Johannes 1,29)

Das Bild Christi als Lamm Gottes, das Johannes uns hier gibt, hat seine Wurzeln im jüdischen Opfersystem. Bei den Opfern, die Gott dargebracht wurden, kann man vier Arten unterscheiden:

1. Trankopfer
2. Räucheropfer
3. Speisopfer
4. Tieropfer

Man teilt sie auch in blutige und unblutige Opfer ein.

Vom Altar des Tempels stieg immer Rauch von dargebrachten Opfern auf. Der Mensch erkannte bald, daß Schuldvergebung das Vergießen von Blut erforderlich machte. Das wird auf eindrückliche Weise sichtbar am inakzeptablen Opfer Kains im Gegensatz zu dem akzeptierten Blutopfer Abels.

Als Adam und Eva sündigten, bekleidete sie Gott selbst mit Tierfellen (siehe 1. Mose 3,21). Ein Tier, vielleicht ein Lamm, mußte sein Leben lassen, damit ihre Schande bedeckt wurde. Im levitischen Gesetz erklärt Gott, daß das Blut die Sühne für das Leben eines Menschen ist (3. Mose 17,11). Dieser purpurne Faden führt durch das Alte Testament und dann auf den Hügel Golgatha, wo das vollkommene Lamm Gottes für die Sünden der Welt zum Opfer gegeben wird. Nie wieder wird es nötig sein, daß ein Lamm für die Sünde der Menschen geschlachtet wird.

Christus, das himmlische Lamm, das adlige Opfer göttlichen Blutes, bringt uns Heil und ist die Reinigung von allen Sünden.

Der Fürst der Propheten beschreibt das Lamm Gottes anschaulich:

Er wurde mißhandelt und niedergedrückt,
aber Er tat Seinen Mund nicht auf.
Wie ein Lamm, das man zum Schlachten führt,
und wie ein Schaf angesichts seiner Scherer,
so tat auch Er Seinen Mund nicht auf.

Jesaja 53,7

Im Neuen Testament erinnert uns Petrus daran, daß wir nicht mit vergänglichem Gold und Silber erkauft sind, sondern „mit dem kostbaren Blut Christi, des Lammes ohne Fehl und Makel" (1. Petrus 1,18-19).

Von Adam her hatte die Menschheit das Erbstück der Sünde erhalten. Die Lösung dieses Problems, nämlich die Befreiung von Sünden, geschah durch das Opfer Christi.

„Wie kann das Opfer des einen für alle gelten?" Die Antwort lautet, daß es der Wert des Einen ausmachte, der dieses Opfer brachte. Wenn Christus sich selbst als Lamm Gottes opferte, war es kein gewöhnlicher Mensch, der starb. Es war Gott selbst. Deshalb hat Sein Opfer unendlichen Wert und gilt für alle.

Isaac Watts drückt das in seinem Lied so aus:

Nicht all das Blut der Tiere,
das auf den Altären dargebracht wurde,
konnte das schuldige Gewissen beruhigen
oder die Flecken wegwaschen.
Aber Christus, das himmlische Lamm,
nimmt uns alle unsere Sünden ab.
Er gab ein Opfer edleren Namens
und edleren Bluts als sie.

In der Offenbarung spricht Johannes nicht weniger als 29mal von Christus als dem Lamm. Aber es ist nicht dasselbe Wort, wie es im vierten Evangelium gebraucht wird. Ein anderes Wort wird für das erhöhte Lamm Gottes am himmlischen Thron gebraucht.

Mögen wir uns eines Tages bei der unzählbaren Schar vor dem Thron Gottes zusammen wiederfinden und unsere Stimme zu der großen Doxologie des Lammes Gottes erheben: „Würdig ist das Lamm, das geschlachtet wurde, Macht zu empfangen,

Reichtum und Weisheit, Kraft und Ehre, Herrlichkeit und Lob“ (Offenbarung 5,12).

Teures Lamm Gottes, ich danke Dir für das große Opfer, das Du auch für meine Schuld und Sünde gebracht hast.

60

Lebendiges Wasser

„Wenn du wüßtest ... dann hättest du Ihn gebeten, und Er hätte dir lebendiges Wassser gegeben.“
(Johannes 4,10)

Wasser ist lebenswichtiger und wertvoller als alle anderen materiellen Dinge. Diejenigen, die Jesus zuhörten, wußten, wie kostbar Wasser ist. Sie kannten Trockenheit und wußten, daß ihr Leben von den Wasserquellen abhing. Um Quellen wurde heftig gekämpft. Wasser bedeutete Leben.

T. S. Eliot schrieb in „Wüstenland“ von der trostlosen, wasserlosen Wüste, als aber sein Leben und seine Dichtkunst christlich ausgerichtet waren, schrieb er von dem Einen, der die frischen Quellen sprudeln läßt. Wir alle irren, geistlich gesehen, dürstend in der Wüste umher, bis wir zu dem Einen kommen, der uns lebendiges Wasser gibt.

Wenn wir unsere Einkehrtage in der Zurückgezogenheit der Catskills von New York haben und einen bestimmten Weg auf dem Hügel entlanggehen, kommen wir zu einer Quelle, die aus felsdurchzogenem Gestein fließt. Es ist ein Ort, der dazu einlädt, Rast zu machen, im Schatten des moosbedeckten Felsens zu verweilen und Gebrauch zu machen von dem köstlichen, erfrischenden Naß.

In jedem Menschen ist ein Durst, den keine irdische Quelle stillen kann. Nur die Quelle reinen Wassers, die auf Golgatha quillt, kann dies. Wenn wir den Weg dorthin gehen, werden wir, wie es Jesaja ausdrückt, „Wasser schöpfen voll Freude aus den Quellen des Heils“ (12,3). Das Wasser wird dargereicht von dem, der folgende Einladung ausspricht: „Wer Durst hat, komme zu Mir, und es trinke, wer an Mich glaubt. Wie die Schrift sagt: Aus seinem Inneren werden Ströme von lebendigem Wasser fließen“ (Johannes 7,37-38).

Waren Sie auf diesem Hügel? Haben Sie das Wasser geschmeckt? Gott selbst lädt uns ein: „Wer durstig ist, der komme.

Wer will, empfange umsonst das Wasser des Lebens“ (Offenbarung 22,17).

Lassen Sie uns mit diesem Verlangen beten:

Wann komme ich zu dem heilenden Wasser?
Ich erhebe mein Herz zu Dir
und rufe Dich an im Gebet.
Friedefürst und Heiler,
zu Dir, der lebendigen Quelle, komme ich,
Dir möchte meine Seele begegnen.

Wasche den Staub der irdischen Mühen
von meinen Händen,
nimm von mir die Last meiner Ängste,
reinige die Wunden,
laß reines Wasser über sie fließen,
laß Deine Heilung offenbar werden.

Licht, Leben, Liebe
bietet dieser Heilsbrunnen,
mich verlangt danach,
daß Du mich rein und hell machst.
Laß den Strom durch meine Seele fließen,
laß die Wüstenei erblühen,
mach sie zum Garten,
wo ich Dich anbete.

Albert Orsborn

Christus, lebendiges Wasser, Du allein stillst den Durst und das Verlangen meiner Seele.

61

Retter der Welt

„Er ist wirklich der Retter der Welt.“
(Johannes 4,42)

Der Titel war kein neues Wort in der alten Welt. Ägyptische Könige wurden Retter genannt, und manche römische Herrscher ebenfalls. Aber bei Jesus hat dieser Titel eine neue, große, ewige Bedeutung.

Im Neuen Testament erscheint das Wort am häufigsten im 2. Petrusbrief, und zwar fünfmal. Petrus kannte Christus als Retter. Da war der Augenblick, wo er mutig aus dem Boot stieg und auf dem See ging. Aber plötzlich versagte sein Glaube, und seine Füße verloren den Halt. Er rief Christus um Hilfe, der ihn ergriff und wieder hochzog.

Es gab noch andere Ereignisse, wo Christus rettend in sein Leben eingriff. Da waren die inneren Stürme, als er untreu wurde und feige seinen Herrn verriet. Aber Jesus hob ihn aus seiner Verzweiflung heraus. Satan, der umhergeht wie ein brüllender Löwe und sucht, wen er verschlingen kann, bereitete Petrus besonders viele Unannehmlichkeiten. Aber sein Meister rettete ihn immer wieder aus den schlimmen Situationen heraus. So wurde bei Petrus der Titel „Retter“ ein Lieblingstitel für den Herrn, von dem er so oft Hilfe und Rettung erfahren hatte.

Als Lincoln nach seinem Tod nach Springfield zurückgebracht wurde, hielt eine frühere Sklavin ihr kleines Kind hoch, damit es den Sarg gut sehen konnte, in dem der große Befreier lag. Sie sagte ihrem Kind: „Schau gut hin, Kleines. Da drin liegt der Mann, der starb, um uns die Freiheit zu geben!“ Der Titel „Retter“ spricht von Christi großem Opfer und der Rettung von Sünde und Schuld, Verdammnis und ewigem Tod.

Beim Weltkongreß für Evangelisation, der 1966 in Berlin stattfand, waren die Teilnehmer tiefgerührt vom Zeugnis Kimos. Er war einer jener Auca-Indianer, die 11 Jahre zuvor Missionare im Dschungel im Inneren Ecuadors ermordet hatten. Als man ihn in einem Interview über die Veränderung seines Lebens befragte, antwortete er: „Ich lebe nicht das gleiche Leben wie damals. Ich lebe nicht mehr in Sünde. Ich lebe in Kommunikation mit Gott."

Auf einem Grabstein stand: „Zur Erinnerung an Methusalem Coney, der im Alter von sechs Monaten starb." Ein Name mit großer Bedeutung (Methusalem war der älteste Mensch), die sich aber im Leben von Methusalem Coney leider nicht erfüllte. Die Bedeutung seines Namens kam bei diesem Kind nicht zum Tragen. Christus jedoch wird der Bedeutung aller Seiner Namen und Titel gerecht:

Ich weiß von einer Seele,
die tief in Sünde gefallen ist,
der keine menschliche Kunst helfen kann.
Aber ich weiß einen Namen, ja einen Namen,
der diese Seele rein machen kann.

Ich weiß von einem Leben,
das für Gott verloren ist,
das an die irdischen Dinge gebunden ist.
Aber ich weiß einen Namen, ja einen Namen,
der dieser Seele eine Neugeburt bringen kann.

Ich weiß von einem Land,
das in Schande geraten ist,
von schwachen und müden Herzen.
Aber ich weiß einen Namen, ja einen Namen,
der dieses Land wieder zurechtbringen kann.

Autor unbekannt

Lieber Heiland, ich möchte lieber zweimal geboren sein, um einmal zu sterben, als nur einmal geboren zu werden und zweimal zu sterben.

62

Richter

„Das ist der von Gott eingesetzte Richter der Lebenden und der Toten.“
(Apostelgeschichte 10,42)

Wir denken gewöhnlich nicht an Christus als Richter. Wir ziehen es vor, über Ihn lieber als Retter, guter Hirte, Herr, Immanuel, Erlöser, Licht der Welt nachzudenken. Den Titel „Richter“ vermeiden wir, denn es ist ein dunkles und trauriges Bild, das wir dann vor uns haben.

Die Bibel aber macht klar, daß Christus unser Richter sein wird. Petrus erklärte in seiner Predigt nach der großen Erfahrung im Haus des Kornelius: „Das ist der von Gott eingesetzte Richter der Lebenden und der Toten“ (10,42).

In seiner Rede, die er an die Athener richtete, sagte Paulus folgendes: „Denn Er hat einen Tag festgesetzt, an dem Er den Erdkreis in Gerechtigkeit richten wird, durch einen Mann, den Er dazu bestimmt und vor allen Menschen dadurch ausgewiesen hat, daß Er Ihn von den Toten auferweckte“ (Apostelgeschichte 17,31).

In seiner Schlußermahnung an Timotheus schreibt Paulus von „Christus Jesus, dem kommenden Richter der Lebenden und der Toten“ (2. Timotheus 4,1). In den Evangelien gibt uns Jesus selbst einen Blick auf das Endgericht, wenn Er vor Seinem Thron die Nationen richten wird (Matthäus 25,31-32). Im letzten Buch der Bibel wird Christus als Reiter auf einem weißen Pferd dargestellt, von dem Johannes schreibt: „Gerecht richtet Er“ (Offenbarung 19,11).

Das große Opfer von Golgatha erfordert ein Gericht. Dasselbe Kreuz, das eine Offenbarung der Liebe Gottes ist, ist auch eine Offenbarung des Gerichts Gottes. Nirgendwo sehen wir das Gericht Gottes gegen die Sünde so deutlich wie auf Golgatha.

Die Vertreibung aus dem Garten Eden, die Fluten der Sintflut, das Feuer von Sodom und andere Ereignisse kündeten schon vorher unmißverständlich von Gottes Gericht über die Sünde. Aber durch das Kreuz geschah es in besonderer Weise. Der Eine, der am Kreuz starb, um uns von unseren Sünden zu erlösen, wird uns eines Tages richten in bezug auf unsere Reaktion auf Seine Erlösung und das Leben, das wir lebten.

Jeder von uns wird einmal vor Seinem Richterstuhl erscheinen müssen. Wenn wir Ihn als Herrn und Heiland kennen, dürfen wir hören, wie Er zu uns sagt: „Kommt her, ihr Gesegneten Meines Vaters, ererbt das Reich, das euch bereitet ist von Anfang der Welt“ (Matthäus 25,34 Lu).

Christus, der Du eines Tages auch mein Richter sein wirst: Hilf mir, so zu leben, daß Du zu mir sagen kannst: „Recht so, du tüchtiger und treuer Knecht.“

63

Passahlamm

„Denn als unser Passahlamm ist Christus geopfert worden.“
(1. Korinther 5,7; siehe auch 2. Mose 12,1-27)

In unserem Text wird das Passah mit dem Tod Christi verbunden. Das Passah war ein Fest, bei dem der Befreiung Israels aus der ägyptischen Knechtschaft gedacht wurde. Es ruft uns die zehnte und größte Plage in Erinnerung, bei der die Erstgeborenen der Ägypter den Tod fanden. Der Todesengel ging aber an den Häusern vorbei, an denen die Türpfosten mit dem Blut eines Lammes bestrichen waren.

„Christus, unser Passahlamm“ ist ein Titel, der von daher schon mit heiliger Bedeutung gefüllt ist.

Das Passahlamm mußte ein Lamm aus der Herde sein. Christus kam auf die Erde und wurde einer innerhalb „der Herde der Menschheit“. Die Menschwerdung war Voraussetzung für Sein Erlösungswerk.

Das Lamm mußte ein einjähriges, männliches Tier sein. Es stand in der Blüte seiner Jugend. Christus, männlichen Geschlechts, mußte im Frühling Seines Lebens den Tod erleiden. Es war Ihm nicht vergönnt, Sein Leben auszuleben, sondern Er wurde auf der Höhe Seines Lebens von uns gerissen.

Es war erforderlich, daß das Lamm ohne Fehl war. Das schloß blinde, verletzte, verkrüppelte, kranke und kastrierte Tiere aus. Das Lamm durfte kein Gebrechen haben. So war auch Christus ohne Flecken, ganz rein und vollkommen.

Dem Passahlamm durfte kein Knochen gebrochen werden. Am Kreuz wurden Jesus – in Erfüllung von Prophetie und Typologie und im Gegensatz zu den anderen beiden Mitgekreuzigten – keine Knochen gebrochen.

Das Passahlamm wurde gegen Abend geschlachtet. Man glaubt, daß es etwa die Zeit war, als Jesus am Kreuz hing.

Das Lamm wurde über einer offenen Grube, in der sich glühende Kohlen befanden, gebraten. Es durfte nicht mit dem

Feuer in Berührung kommen, damit es nicht verunreinigt wurde. Zwei Spieße wurden in das Lamm gestochen, wodurch das Fleisch zwar aufgerissen, aber keine Knochen gebrochen wurden. Jede jüdische Familie hing sein Lamm an ein Holzkreuz. Diese jahrhundertelang praktizierte Handlungsweise war ein Hinweis auf den Tod des großen Passahlamms.

Diejenigen, die in Ägypten das Blut anwendeten, wurden vor dem Tod bewahrt. So werden auch diejenigen vor dem ewigen Tod bewahrt, die das Blut Christi, unseres Passahlammes, in Anwendung bringen. In Seinem Blut allein ist die Befreiung von Sünde und Errettung vor dem ewigen Tod.

An das Passah schloß sich das siebentägige Fest der ungesäuerten Brote an. Das Haus wurde sorgfältig abgesucht, um sicherzugehen, daß sich kein Sauerteig mehr im Haus befand.

Die durch Christus, unser Passah, die Freiheit erlangten und, geistlich gesehen, ihren Auszug aus der Knechtschaft Ägyptens vollzogen haben, müssen die dunklen Ecken des Herzens durchforschen und dafür Sorge tragen, daß jeder bösartige Sauerteig der Sünde entfernt wird. Die Behausung muß von aller Sünde, die die Seele verderben könnte, gereinigt sein.

Das Fest der ungesäuerten Brote war das Fest des Erntebeginns. 50 Tage später, am Ende der Getreidernte, kam das Pfingst- oder Wochenfest, auch Fest der Ernte genannt. Dies ist ein Gleichnis für uns: Christus führt uns von der Passahbefreiung zur Pfingstkraft. Durch die Innewohnung und das Werk des Heiligen Geistes macht Er unser Leben fruchtbar für Ihn.

Großes Opferlamm Gottes, ich danke Dir für die Errettung und Sicherheit in Deinem Blut, das für mich floß.

64

Fels

„Sie tranken aus dem lebenspendenden Felsen, der mit ihnen zog. Und dieser Fels war Christus."
(1. Korinther 10,4)

Der Text bezieht sich auf die Erfahrung, die die Israeliten in der Wüste machten: Zweimal strömte aus einem Felsen, nachdem er geschlagen wurde, Wasser hervor, um das Volk am Leben zu erhalten. Einmal ereignete sich dies in Refidim (Raphidim) kurz nach dem Auszug (2. Mose 17,1-6) und dann noch in Kadesch gegen Ende der Wüstenwanderung (4. Mose 20,7-11).

Der Fels, der durch Mose geschlagen wurde, ist ein Bild auf Christus: Er wurde für uns geschlagen.

In der genannten Stelle in 2. Mose 17 lesen wir, daß die ganze Gemeinde der Israeliten von der Wüste Sin weiterzog, aber dann in Refidim kein Wasser zu trinken hatte. Der Mensch auf seiner Reise durch die „Wüste der Sünde" findet geistliche Trockenheit vor und braucht das lebenserhaltende und erfrischende Wasser, das Christus allein geben kann.

Wie die Israeliten durch Gottes übernatürliche Versorgung ihren Durst stillen konnten und neu belebt und erfrischt wurden, so wird der geistliche Durst des Menschen gestillt und seine Seele belebt und erfrischt durch die Versorgung Christi, unseres geistlichen Felsens.

Der Fels mußte geschlagen werden, damit der erfrischende Strom des Wassers floß. Christus, unser geistlicher Fels, mußte geschlagen werden, damit wir an dem lebenspendenen Strom, der von Seinem Kreuz fließt, teilhaben können. Ohne Seine Striemen hätten wir keine Heilung, ohne Seine Schmerzen kein Wohlbefinden, ohne Seine Dornen keine Krone, ohne Seine Wunden keine Gesundung, ohne Seinen Tod kein ewiges Leben. Er ist der „Fels des Heils", der für uns geschlagen wurde.

Dieses Bild auf Christus hat viele Liederdichter inspiriert: „Auf Christus, dem festen Felsen, stehe ich" von Edward Mote,

„Sei unser Fels, unser Schutz, unsere Burg" von William Pearson, „Wir haben einen Anker auf einem festen Felsen" von Priscilla J. Owens, „Im Schatten des Felsens, da ist es gar traut" von Fanny Crosby.

Der Felsen ist ein Symbol der Stärke und Beständigkeit. Von Christus kann der Christ zuversichtlich bezeugen: „Du bist mein Fels und meine Burg" (Psalm 71,3).

Topladys bekanntes Lied handelt von der Bedeutung dieses Titels in unserem Leben:

Fels des Heils, geöffnet mir,
birg mich, ewger Hort, in Dir.
Laß das Wasser und das Blut,
Deiner Seite heilge Flut,
mir das Heil sein, das frei macht
von der Sünden Schuld und Macht.

Dem, was Dein Gesetze spricht,
kann mein Werk genügen nicht.
Mag ich ringen, wie ich will,
fließen auch der Tränen viel,
tilgt das doch nicht meine Schuld,
Herr, hier hilft nur Deine Huld.

Jetzt, da ich noch leb im Licht,
wenn mein Aug im Tode bricht,
wenn durchs finstre Tal ich geh,
wenn ich vor dem Richter steh:
Fels des Heils, geöffnet mir,
birg mich, ewger Hort, in Dir!

Fels des Heils, hilf mir, den Treibsand des Lebens zu meiden und auf Dich zu bauen, dem einzig festen Fundament.

65

Letzter Adam

„Adam, der erste Mensch, wurde ein irdisches Lebewesen. Der letzte Adam wurde lebendigmachender Geist.“
(1. Korinther 15,45)

Paulus stellt hier Christus, den „letzten Adam“, dem ersten Adam gegenüber. Der Unterschied wird deutlich:

Der erste Adam ist eine „lebendige Seele“ (so lautet eine andere Übersetzung), der letzte Adam ein „lebendigmachender Geist“. Es wird hier klar, daß Christus als der letzte Adam eine ganz neue und ewige Dimension in das Leben der Menschen bringt.

Paulus sagt, daß Adam der Begründer der Menschheit (durch göttliches Vermögen) und Christus der Begründer des ewigen Lebens ist. Wie Adam ein Ahn jedes leiblichen Kindes ist, so ist Christus der Ahn der Geisteskinder.

Der Tod war und ist für viele ein Schreckgespenst. Dieser Titel, der sich in Pauli großem Auferstehungskapitel befindet, spricht davon, daß Christus ewiges Leben bringt.

> Eine alte orientalische Legende berichtet davon, daß ein wohlhabender Kaufmann seinen Diener zum Marktplatz schickte, damit er dort einkaufte. Der Diener kam aber kurze Zeit später unverrichteter Dinge zurück und zitterte am ganzen Leibe.
>
> „Was ist passiert?“ fragte der Kaufmann.
>
> „Meister“, rief der Diener, „auf dem Markt bin ich dem Tod begegnet. Als er mich sah, hob er die Hand, um mich zu schlagen. Meister, ich muß flüchten. Leihen Sie mir das schnellste Pferd, ich muß nach Samarra fliehen!“
>
> Der Kaufmann, ein herzensguter Mensch, gestand es ihm zu. Der Diener setzte sich gleich aufs Pferd und ritt, so schnell er konnte, zur Stadt Samarra.

Nachdem der Diener weggeritten war, ging der Kaufmann selbst auf den Markt. Er sah den Tod noch dort stehen, ging mutig zu ihm hin und fragte: „Tod, warum hast du deine Hand erhoben, um meinen Diener zu schlagen?"

„Warum?" entgegnete der Tod. „Ich wollte ihm nichts antun. Es war nur eine Geste der Verwunderung. Ich war überrascht, ihn hier in Bagdad zu sehen, denn ich will ihn heute in Samarra treffen."

Die Erkenntnis, daß wir alle dem Anspruch des Todes nicht entfliehen können, verursacht bei vielen Angst und Sorge. Aber Christus, der letzte Adam, ist die endgültige Antwort auf die Frage des Todes. Er gibt ewiges Leben denen, die an Ihn glauben.

John Henry Newman hat diesen Titel und Seine Wahrheit in sein Lied hineingenommen:

O liebende Weisheit unseres Gottes.
Als alles Sünde und Schande war
kam ein letzter Adam,
um für uns zu kämpfen und uns zu erretten.

O weise Liebe! Fleisch und Blut,
das in Adam versagte,
tritt erneut gegen den Feind an
und gewinnt diesmal die Oberhand.

Christus, Überwinder des Todes, laß mich zur Auferstehung und der Herrlichkeit Deines göttlichen Lebens gelangen.

66

Schlußstein

„Der Schlußstein ist Christus Jesus selbst.“
(Epheser 2,20)

Paulus gebraucht dieses Bild aus der Baubranche, um die Beziehung zwischen Christus und der Gemeinde und dem einzelnen Gläubigen darzustellen. Christus sprach von sich als einem Tempel und bezog sich auf den Tempel, den Er ohne Hände bauen würde (siehe Markus 14,58). Er ist der verworfene Stein, der zum Hauptstein am Eck geworden ist, wie es der Psalmist ausdrückt (siehe Psalm 118,22).

Dieses Bild zeigt uns verschiedene Aspekte des Dienstes Christi in bezug auf Seinen heiligen Tempel, der aus lebendigen Steinen (den Gläubigen) zusammengesetzt ist.

Ein Eckstein bestimmte die Anlage des Gebäudes. Nach ihm wurde der Bau ausgerichtet. Christus als der Haupteckstein ist ausschlaggebend für die Gestaltung unseres Lebens. Er gibt dem Leben Symmetrie und Ordnung. Ein Leben, das mit Ihm verbunden ist, wird wertvoll und bekommt Ausrichtung. Er wirkt, daß alle Teile des Lebens zum Guten zusammenwirken. Er hilft uns, die Gebiete des Lebens in Übereinstimmung und in das richtige Verhältnis zueinander zu bringen.

Eine andere Funktion des Ecksteins ist der Zusammenschluß. Eine Beschreibung des Ecksteins könnte so lauten: „Ein Stein, der an der Ecke zweier Wände liegt und dazu dient, diese beiden zu verbinden.“ Paulus schreibt von dem großen Eckstein: „Durch Ihn wird der ganze Bau zusammengehalten“ (oder: harmonisch zusammengefügt) (Epheser 2,21). Christus verleiht der Christengemeinschaft Zusammenhalt. Wir sind lebendige Steine Seines Tempels, die mit Ihm und den anderen verbunden sind.

Der Eckstein nimmt die ehrenvollste Position ein. Petrus schreibt: „Euch nun, die ihr glaubt, bedeutet Er die Kostbarkeit“ (1. Petrus 2,7 Elb). Das Wort „kostbar“ hat hier auch die Bedeutung von „ehrenvoll“. Der Eckstein ist ein Steinsockel, der feierlich eingesetzt wird und Inschriften trägt, die an den Anlaß und die Wichtigkeit des Baus erinnern.

Manchmal bohrt man eine Höhlung hinein, in die man Dokumente legt, die in zukünftigen Zeiten von historischem Interesse sein könnten. Diesen Brauch kannte man schon in vorchristlicher Zeit. Der große Eckstein muß die ehrwürdigste Position im Leben eines Christen einnehmen – in unseren Herzen, Hoffnungen und Planungen.

Mit dem Eckstein am großen Tempel Salomos hatte es eine besondere Bewandnis. Das obere Plateau des Bergs Moria war nicht eben und groß genug, um genügend Platz für den prächtigen Tempel herzugeben. Deshalb bauten die erfinderischen Israeliten ein massives Mauerwerk vom Tal her hoch, das einen Teil des Tempels stützte. Der Betrachter stand unter dem Eindruck, daß dieses Eckstück den ganzen Tempel hielt.

Wir sind Gottes heilige Tempel, in denen Sein Geist wohnt. Unser Leben ist aus natürlichem Felsen herausgehauen, was aber allein nicht genügt. Unsere Befähigung und Tauglichkeit beruht auf der tragenden Kraft und Gegenwart des großen Grundsteins. Von da bekommen wir Halt und Stabilität.

Wir können dies mit John Chanders Lied bestätigen:

> Christus ist der Eckstein,
> der Grund, auf dem wir baun.
> Wir, die Seinen,
> werden im Himmel Ihn schaun.
>
> Unsere Hoffnung setzten wir
> auf Seine große Liebe,
> durch die wir an den himmlischen
> Freuden teilhaben.

Christus, sei Du der bestimmende Eckstein für alle meine Gedanken und Handlungen, dann wird mein Leben Bedeutung und Symmetrie bekommen.

67

Haupt

„Wir wollen uns, von der Liebe geleitet, an die Wahrheit halten und in allem wachsen, bis wir Ihn erreicht haben. Er, Christus, ist das Haupt.“
(Epheser 4,15)

Paulus war es ein Anliegen, daß die Gläubigen in Ephesus mündige Christen wurden: „So sollen wir alle zur Einheit im Glauben und in der Erkenntnis des Sohnes Gottes gelangen, damit wir zum vollkommenen Menschen werden.“ Wir sollen nicht solche sein, die leicht verführt werden können, denen es an Festigkeit mangelt. Wir müssen in der Wahrheit leben und in allem hinwachsen zu Ihm, der das Haupt ist (Vers 15).

Mündigkeit und die Stellung Christi als Haupt im Leben des einzelnen Gläubigen hängen voneinander ab. Wenn wir versuchen, unser Leben in eigener Regie zu führen und wenn wir uns nicht Seiner Autorität unterstellen, leben wir in geistlicher Unreife. Nur wenn Christus unser Haupt, unser Führer und unser Sachverständiger ist und wir uns auf Ihn ausrichten, gelangen wir zur Mündigkeit in Ihm.

Der Titel „Haupt“ bezeichnet überragende Stellung, Vorherrschaft. Christus muß in allem den Vorrang haben. Wir werden Ihm nur gerecht, wenn wir Ihn in unserem Leben zum Herrn über alles einsetzen. Schweitzer bezeichnete Christus als „mächtigen Herrscher“ und erklärte, daß wir in der Gemeinschaft mit Ihm Erfüllung finden und gestärkt werden.

Es gibt solche, die Autorität haben, weil sie ihnen übertragen wurde: sie wurde ihnen von außen verliehen. Sie mögen dann dem in sie gesetzten Vertrauen und der Verantwortung, in die sie gestellt werden, gerecht werden oder nicht.

Aber es gibt auch solche, die Autorität aufgrund ihrer Qualifikationen, ihres Wesens und ihres Charakters haben, ob ihnen nun ein entsprechender Rang verliehen wurde oder nicht. Sie werden respektiert, und man richtet sich nach ihnen. Man empfindet es nicht als Last, sondern als Vorrecht, sich ihrer Führerschaft zu unterstellen.

Jesus Christus ist unser Haupt, sowohl aufgrund der Ihm eigenen Autorität als Sohn Gottes als auch mit der erworbenen Autorität Seiner unendlichen Liebe und Güte. Sich Christus als dem Haupt und Seiner Autorität zu unterstellen, ist höchstes Privileg. Paulus zeigt das am Bild des Leibes: Wenn wir den Herrn zum Haupt haben, werden wir gut geleitet, und alles funktioniert richtig. Mögen wir Ihn als unser lebendiges Haupt haben – als unseren Führer und unsere höchste Autorität.

Christus, unser lebendiges Haupt, hilf mir, die wahre Freiheit zu erkennen, die allein aus der Hingabe an Deinen Willen und Deine Führung kommt.

68

Das Haupt der Gemeinde

„Wie auch Christus das Haupt der Gemeinde ist."
(Epheser 5,23)

In Epheser 1,19-23 schreibt Paulus über den aufgefahrenen und erhöhten Christus, der zur Rechten Gottes sitzt und dem im Himmel alles untertan ist. Der Höhepunkt ist die Erklärung: „Alles hat Er Ihm zu Füßen gelegt und Ihn, der als Haupt alles überragt, über die Kirche (Gemeinde) gesetzt. Sie ist Sein Leib und wird von Ihm erfüllt, der das All ganz und gar beherrscht" (Verse 22-23).

Paulus nimmt ein Bild aus der Physiologie, um diesen wunderbaren Gedanken auszudrücken: Christus ist das Haupt und die Gemeinde der Leib.

Was ist Gemeinde oder Kirche? Ich hatte Gelegenheit, einige der größten Kathedralen der Welt zu besichtigen und war fasziniert. Die Quo-vadis in Rom, die so ansprechend ist, die geheimnisvolle Notre Dame in Paris, die das Besucherherz bewegende St. Pauls in London, die ehrwürdige St. Giles in Edinburgh, wo John Knox seine Predigten hielt. Oder die Kathedrale in Coventry mit ihrer zeitgenössischen Architektur: Sie war im Krieg zerbombt, aber neu aufgebaut worden. Alle diese Kirchen sind sehr beeindruckend.

Aber diese Gebäude mit ihrer ausnehmend schönen Gestaltung und ihrer architektonischen Ästhetik, so erhaben sie sein mag, stellen nicht Gemeinde dar. Die Gemeinde besteht aus Gläubigen. Sie ist mehr als eine Kathedrale oder Organisation.

Eine Uhr stellt in diesem Sinne eine Organisation dar. Sie ist aus vielen Einzelteilen hergestellt, die zueinander passen und mechanisch zusammenwirken. Aber sie selbst hat kein Leben. Der menschliche Leib hat zwar auch aufeinander abgestimmte Funktionen, er ist aber mehr als eine Organisation: er ist ein Organismus. Er ist lebendig. So ist die Gemeinde ein lebendiger Organismus. Christus ist das Haupt, die Gemeinschaft der Gläubigen der Leib.

Als Haupt der Gemeinde ist Christus ihr Führer und ihre Autorität. Seine Gegenwart bestimmt Planen und Handeln. Als lebendiges Haupt wird Er von all denen wahrgenommen, die Ihn als Herrn ihres Lebens kennen.

In einer Kirche in Washington läutete das Telefon, und eine Stimme fragte: „Soll nicht der Präsident der Vereinigten Staaten morgen Ihre Kirche besuchen?" Die Antwort lautete: „Ich weiß nicht. Aber wir erwarten, daß Christus hier ist, und das ist ein triftigerer Grund, sich hier zu versammeln." Nur wenn Christus wirklich das Haupt ist und Seine Gegenwart wahrgenommen werden kann, haben wir echte Gemeinde.

Die Schrift gibt uns auch für das Verhältnis Christi zu Seiner Gemeinde das Bild von Bräutigam und Braut. Wenn sie die Ehe eingehen, wollen sie einander treu bleiben und engste Gemeinschaft miteinander pflegen. Christus kann und will uns gegenüber nicht treulos sein. Mögen wir auch Ihm die Treue halten!

Ehe schließt auch Opfer ein: „... wie Christus die Gemeinde geliebt und sich für sie hingegeben hat" (Epheser 5,26). Haben wir das Verlangen, auf Seine große Liebe hin uns Ihm hinzugeben?

Christus, der Du dich selbst in Liebe für die Gemeinde hingegeben hast, hilf mir, ein treues Glied Deines Leibes der Gläubigen zu sein, der dich als erhobenes Haupt anerkennt.

69

Herr

„Und jeder Mund bekennt: ‚Jesus Christus ist der Herr' – zur Ehre Gottes, des Vaters."
(Philipper 2,11)

Das ist einer der gebräuchlichsten Titel für Christus. Paulus verwendete ihn in seinen Briefen über 200mal. Er hat sowohl menschlichen als auch göttlichen Bezug, wobei auf letzterem nach der Auferstehung mehr Betonung lag. Er ist wahrscheinlich der theologisch bedeutsamste aller Titel Christi.

Das griechisch-englische Lexikon von Arndt und Gingrich geht davon aus, daß sich mindestens acht Gebrauchsarten dieses heiligen und wichtigen Titels „kyrios" nachweisen lassen.

Kyrios hat die Bedeutung: Eigentümer eines Besitztums. Das Wort konnte z. B. auf den Besitzer eines Weinbergs (Matthäus 20,8) oder einen Hausherrn (Markus 13,35) angewandt werden.

Als Herr des Alls hat Er die ganze Welt in Seiner Hand. Die unermeßlichen Weiten des Universums sind Seine Wohnstätte, während unser kleiner Planet nur ein Pünktchen im All darstellt. Wenn wir uns vorstellen, daß Ihm dieser Kosmos gehört, stehen wir in demütiger Ehrfurcht vor der Größe Gottes. Doch, Wunder aller Wunder, Er hält auch mein kleines Leben in Seiner mächtigen Hand. Der Herr des Universums ist auch der Herr meines Lebens.

Der Titel spricht des weiteren von der Autorität Jesu Christi: Er gebot dem Sturm und den Wellen, und sie legten sich. In Seiner Vollmacht brachte Er Lazarus aus dem Grab hervor. Er bewies Seine Macht über den Tod und das Grab in Seiner mächtigen Auferstehung. In der Autorität und Macht Jesu Christ liegt die Sicherheit der Seele und ihr fester Halt.

Kyrios wurde oft als Gegensatz zu „doulos" (Sklave/Knecht/Diener) gebraucht. Paulus bezeichnet sich selbst als „Knecht Jesu Christi". Aber das war eine erfreuliche Stellung. Das Paradoxe des Christenlebens besteht darin, daß wir nur dann, wenn wir

Seine Sklaven sind, wirkliche Freiheit erfahren. Nur wenn wir uns hingeben, haben wir Sieg. Nur wenn wir sterben, finden wir das Leben.

Der Titel wurde auch auf eine Person in gehobener Position angewandt. Ich hatte Gelegenheit, Stratford on Avon, den Geburtsort Shakespeares, zu besuchen. Man wird inspiriert durch die Gedanken dieses Mannes, der mit seiner Feder „unsterbliche Worte“ zu Papier brachte, von denen auch die zukünftigen Generationen noch sprechen werden. Wenn Shakespeare heute in ein Zimmer träte, würden alle aufstehen. Wenn Jesus Christus einträte, würden alle knien. Er steht über allen anderen als der Größte und Unvergleichliche der Geschichte.

„Kyrios“ wurde auch als Titel für übernatürliche Wesen gebraucht (Apostelgeschichte 10,4). Auch sie sind Gottes Geschöpfe und stehen unter Seiner umfassenden Herrschaft.

„Kyrios“ wurde ferner für Herrscher gebraucht (siehe Apostelgeschichte 25,26), auch für die späteren römischen Regenten. Aber ihre Herrlichkeit war sehr kurzlebig. Christus allein ist groß genug, diesen Titel im umfassenden Sinn zu rechtfertigen.

Das Wichtigste jedoch ist, daß „kyrios“ als Gottesbezeichnung gebraucht wird (Matthäus 5,33). Es ist die griechische Übersetzung des heiligen Namens Jehovah oder Jahwe des Alten Testaments. Der Titel „kyrios“ hat deshalb eine besondere Bedeutung, wenn er nach der Auferstehung auf Christus angewandt wurde: Er war die Anerkenntnis der Gottheit Jesu.

„Jesus ist Kyrios“ war das Bekenntnis der Gemeinde. „Wenn du mit deinem Mund bekennst ‚Jesus ist der Herr‘, wirst du gerettet werden“ (Römer 10,9). „Und jeder Mund bekennt: ‚Jesus Christus ist der Herr‘, zur Ehre Gottes, des Vaters“ (Philipper 2,11). Beim Glaubensbekenntnis der Frühgemeinden ging es nicht um eine Sache, sondern um eine Person.

Mächtiger Christus, ich möchte dich zum Herrn meines Lebens krönen, zum Herrn über alles.

70

Alles und in allen

„Christus ist alles und in allen.“
(Kolosser 3,11)

Im Kolosserbrief kommt Paulus auf die christlichen Lebensregeln zu sprechen. Er ermahnt: „Richtet euren Sinn auf das Himmlische und nicht auf das Irdische. Denn ihr seid gestorben, und euer Leben ist mit Christus verborgen in Gott“ (Kolosser 3,2-3). Und er fordert nachdrücklich auf: „Darum tötet, was irdisch an euch ist“ (Vers 5).

Der Apostel läßt keinen Zweifel darüber aufkommen, welche Dinge er gemeint haben könnte, sondern führt sie einzeln auf (Verse 5-9). Diese Liste ist leider noch nicht überholt: Unzucht, Schamlosigkeit, Leidenschaft, böse Begierden, Habsucht, Zorn, Wut, Bosheit, Lästerung, Lüge. Dinge dieser Art müssen „getötet“ werden. „Den neuen (Menschen) gilt's anzulegen, der das Bild seines Schöpfers trägt und euch zu einer ganz neuen Haltung führt“ (Vers 10).

Paulus scheint dann eine Zusammenfassung seiner Lehre über das Christenleben geben zu wollen, indem er erklärt: „Christus ist alles und in allen“ (Vers 11). Er sagt in anderen Worten: „Euer Christenleben kann nicht eine halbherzige, unbeständige Sache sein. Ganze Hingabe ist erforderlich. Christus muß euer alles sein.“

Christus darf nicht nur ein Teil unseres Lebens sein, sondern Er muß uns alles sein. Dem Christen bedeutet Jesus nicht etwas, sondern alles. Er ist nicht nur Herr in Teilbereichen Seines Lebens, sondern in seinem ganzen Leben. Christus steht über allem: Er muß das ein und alles sein.

Der Titel ist sozusagen eine Zusammenfassung aller Titel unseres Herrn. Er ist alles in allem: unser Heiland, Friede, Lehrer, Licht, Freund, Hoffnung, Herr, König, Führer, Hirte, Gott.

Es ist die Ganzheit des Lebens Christi, die der Christ kennen muß. Seine Geburt, die so viele Feiern nach sich zieht, ist unvollständig ohne Sein Leben und Seine Lehre. Sein Leben ist unvollständig ohne Seinen Tod, Sein Tod ohne Seine Auferstehung, Seine Auferstehung ohne Seine Himmelfahrt und Seine Himmelfahrt ohne Seine Wiederkunft.

Christi Leben ist in dieser Hinsicht wie ein Wandteppich. Man muß ihn als Ganzes ansehen, um sein Muster und seine Schönheit zu erkennen und zu erfassen. Wir müssen Christus als unser alles kennen, dann werden wir die Fülle Seiner Gegenwart und Kraft in unseren Leben erfahren.

Ich habe ein Liederbuch durchgeblättert und nicht weniger als zwölf verschiedene Einträge gefunden, die sich auf diesen Titel beziehen. Ein Vers von Herbert H. Booth ist ein Gebet, daß Christus unser alles in allem sein soll:

Ich bringe Dir mein Herz,
erfülle es mit Deiner Gegenwart.
Ich fühle, wie schwach ich bin,
aber ich rufe Dich um Hilfe an.

In Freude und Schmerz,
in Leben und Tod,
auf Erden und im Himmel
sei mein Verlangen,
daß Du mein ein und alles bist.

Herr Jesus, Du sollst mein ein und alles sein.

71

Unsere Hoffnung

„. . . Christi Jesu, unserer Hoffnung."
(1. Timotheus 1,1)

„Hoffnungslosigkeit" ist eines der traurigsten Worte in unserer Sprache. Wir werden immer wieder mit Hoffnungslosigkeit konfrontiert, ob in den Medien, unserer Umgebung oder in unserem eigenen Leben: Eine Krankheit ohne Hoffnung auf Heilung. Eine Abreise ohne Hoffnung auf Rückkehr. Menschen sind in einem Bergwerk oder in einer Lawine eingeschlossen ohne Hoffnung auf Rettung. Ein Kind wird vermißt, und man hat keine Hoffnung, es zu finden. Ein Volk wird unterdrückt ohne Hoffnung auf Befreiung.

Die Menschheit war in Sünden verloren. Der göttliche Schuldspruch mußte erfolgen, denn der heilige und gerechte Gott kann keine Sünde tolerieren. Der Tod war der Sünde Sold. Der Mensch konnte nichts dagegen tun. Er war hilflos, aber nicht hoffnungslos, denn Gott schuf einen Ausweg. William Hawleys Vers drückt diese Wahrheit mit folgenden Worten aus:

Ein Licht kam aus der Dunkelheit:
wir hatten kein Licht und keine Hoffnung,
bis Jesus aus dem Himmel kam,
um uns Licht und Hoffnung zu sein.

Im 1. Timotheusbrief schreibt Paulus von Christus als „unserer Hoffnung" (1,1) und im Kolosserbrief: „„Christus ist unter euch, Er ist die Hoffnung auf Herrlichkeit" (1,27). Und in seinem Brief an Titus bezieht er sich auf die Wiederkunft unseres Herrn als auf „die selige Erfüllung unserer Hoffnung" (2,13). Wir brauchen nicht zu verzweifeln: Christus ist unsere Hoffnung!

Der Schreiber des Hebräerbriefs versichert uns mit einem Bild aus der Schiffahrt, daß Christus in allen Stürmen und Bedrängnissen des Lebens ausreichend ist: „In ihr (der dargebotenen Hoffnung) haben wir einen sicheren und festen Anker der Seele“ (6,19).

Wie kostbar ist diese Hoffnung, wenn wir Abschied von unseren Lieben nehmen müssen. Wir brauchen nicht zu trauern „wie die anderen, die keine Hoffnung haben.“ Paulus erklärt: „Wenn Jesus – und das ist unser Glaube – gestorben und auferstanden ist, dann wird Gott durch Jesus auch die Verstorbenen zusammen mit Ihm zur Herrlichkeit führen“ (1. Thessalonicher 4,14).

In vielen Liedern hören wir von dieser Hoffnung, die wir in Christus haben. Wir können mit R. H. McDaniel singen: „Ich bin von der Hoffnung beseelt, die fest und sicher ist, weil Jesus in meinem Herzen wohnt.“ Die Worte von Bernhard von Clairvaux sind heute noch so wahr wie damals, als er sie niederschrieb: „Christus ist die Hoffnung des reuigen Herzens.“ Edward Motes Worte handeln von der Zuversicht diesseits und jenseits des Grabes:

> Meine Hoffung ist auf nichts anderes gegründet
> als auf Jesu Blut und Gerechtigkeit.
> Ich will mich auf nichts anderes verlassen,
> nur in Jesus ist Sicherheit.

Teurer Herr, danke für den ewigen Trost und die gute Hoffnung, die wir in Dir haben. Alle unsere Bedürfnisse für das Heute und Morgen stillst Du.

72

Mittler

„Einer ist Gott. Einer ist auch Mittler zwischen Gott und den Menschen: der Mensch Christus Jesus.“
(1. Timotheus 2,5)

In neutestamentlicher Zeit war die Person des Mittlers oder „mesites“ wohlbekannt. Er war derjenige, der zwischen zwei Parteien, die im Zwist lagen, vermittelte bzw. als Schiedsrichter auftrat. Auch heute wird das Wort „Mittler“ oder „Vermittler“ für eine Person gebraucht, die eine Übereinkunft zwischen zwei Parteien mit unterschiedlichen Standpunkten herbeizuführen versucht.

Im Alten Testament hören wir den traurigen Ruf Hiobs: „Gäbe es doch einen Schiedsmann zwischen uns!“ (Hiob 9,33). Das Wort „Schiedsmann“ ist in der Septuaginta das gleiche Wort, das in unserem Text als „Mittler“ steht. Hiob sehnte sich in seiner verzweifelten Lage nach jemandem, der zwischen ihm und Gott vermittelte.

In Hebräer 12,24 wird Christus „der Mittler eines neuen Bundes“ genannt. Und in unserem Text ist es Paulus, der erklärt, daß Christus der einzige Mittler zwischen Gott und Menschen ist.

Christus erfüllte zwei wichtige Voraussetzungen als Mittler. Erstens mußte Er fähig sein, beide Parteien zu repräsentieren. Christus konnte sowohl für Gott als auch für den Menschen eintreten. Als Teil der Gottheit stand es Ihm zu, Gott zu repräsentieren. Er war berechtigt, für Gott zu sprechen. Weil Er aus Gottes Höfen zu uns herabkam, konnte Er den ewigen Rat Gottes vertreten.

Das Wunder Seiner Menschwerdung qualifizierte Ihn aber auch dazu, den Menschen zu vertreten. Er lebte als Mensch unter den Menschen, war ihren Anfechtungen und Versuchungen ausgesetzt, kannte die menschlichen Sorgen und Nöte und starb den Tod als Mensch. Er war unter uns, ertrug menschliches Leid. So war Er auch fähig, den Menschen zu repräsentieren.

Hesekiel sollte zu den Gefangenen in Babylon sprechen. Sie waren im Krieg aus ihrem Land vertrieben worden, waren ihrer Heimat und ihrer Freiheit beraubt worden. Hesekiel sollte ihnen eine Botschaft der Hoffnung bringen. Bevor er sie mit seiner Vision wirklich ermutigen konnte, mußte er selbst etwas von der tiefen Verzweiflung seiner Volksgenossen erfahren.

Als Gefangener unter Gefangenen lernte er in Babylon selbst die Nöte kennen und ertrug die Demütigungen. Weil er das alles selbst mitgemacht hatte, bekam seine Botschaft Gewicht. Sie war in dem Feuer geschmiedet worden, in dem sich das Volk befand.

Unser Herr ist ein Mittler, der sich da aufhielt, wo wir waren. Er selbst kam hernieder und ertrug unsere Sorgen, Leiden, Demütigungen und Begrenzungen. Seine Botschaft an uns und Seine Mittlerrolle haben deshalb Autorität.

Der Mittler hat die Aufgabe der Versöhnung. Das war die zweite wichtige Funktion, die Christus als Mittler zu erfüllen hatte. Gott mußte nicht zur Versöhnung mit dem Menschen überredet werden. Gott ist es, der den Menschen liebt und dem daran liegt, die unterbrochene Beziehung wieder herzustellen. Der Mensch ist der Abtrünnige. Der Mensch ist derjenige, der der Liebe und Gemeinschaft Gottes untreu wurde. Jesu Rolle als Vermittler ist es, den Menschen zurück in die Beziehung zu Gott zu bringen.

Es gab nur einen Weg, um Versöhnung in Gerechtigkeit zu erwirken: den schrecklichen Weg ans Kreuz. Des Menschen Rebellion zog die Strafe des ewigen Todes nach sich. Gott in Seiner Gerechtigkeit muß darauf bestehen, daß ohne Blutvergießen keine Sündenvergebung möglich ist. Der Weg des Kreuzes war der einzige Weg: Das Sterben Jesu an unserer Statt! Das Kreuz ist die große Brücke von der Erde zum Himmel. Es überbrückt die tiefe Kluft der Sünde. Golgatha ist der Ort, wo die zerbrochene Beziehung wieder hergestellt wurde: „Gott war es, der in Christus die Welt mit sich versöhnt hat" (2. Korinther 5,19).

Göttlicher Mittler, halte mich in der Gemeinschaft und der Treue mit meinem Schöpfer.

73

Lösegeld

„Christus Jesus,
der sich als Lösegeld hingegeben hat für alle.“
(1. Timotheus 2,5-6)

Wir wissen erst den Preis, den uns ein Grundstück kostet, wenn wir mit dem Eigentümer Kontakt aufnehmen und uns ein Angebot machen lassen. Wir lernen erst den Wert einer Seele kennen, wenn wir den Preis erfahren, den es Gott gekostet hat, ihr am Kreuz Errettung zu erwirken. Paulus spricht von diesem Preis: „Christus Jesus, der sich selbst gegeben hat für alle zur Erlösung“ (1. Timotheus 2,5-6 Lu).

Eigentlich ist „Lösegeld“ ein seltsamer Titel für den Sohn Gottes. Mit diesem Wort meinte man den Preis, der bezahlt werden mußte, um einen Gefangen freizukaufen. „Lösegeld“ ist heute ein Wort, das man mit Entführern in Verbindung bringt, mit Terroristen, die Geiseln nehmen, mit Gewalttaten. Glücklicherweise haben das nur wenige von uns am eigenen Leib erfahren.

Aber auf eine andere Weise haben wir es alle erfahren: Wir kamen in die Gefangenschaft der Sünde, waren hilflos und mußten mit dem Tod rechnen. Die Kosten der Erlösung konnte kein Sterblicher bezahlen, nur Christus war dazu in der Lage. Vom Preis der Sünde und der Zahlung des Lösegelds ist in Cecil Alexanders Lied die Rede:

Es war kein anderer gut genug,
den Preis für die Sünde zu zahlen.
Nur Jesus konnte es und tat es.
Er schließt uns die Himmelstür auf
und läßt uns ein.

Werter Heiland, Deine Liebe ist so wunderbar, Du sollst mein alles haben.

74

Seliger und einziger Herrscher

„Der selige und einzige Herrscher, der König der Könige und Herr der Herren.“
(1. Timotheus 6,15)

Paulus ermahnt Timotheus, seinem Auftrag und dem treu zu bleiben, der „der selige und einzige Herrscher, der König der Könige und Herr der Herren“ ist. (1. Timotheus 6,15). Dieser Titel stand im Gegensatz zum Kult der weltlichen Königsanbetung, dem die Christen Widerstand entgegenbrachten. Christus allein ist Herrscher und Souverän über alle irdischen Herrscher.

Das Wort „Herrscher“, das eine Übersetzung mit „Potentat“ wiedergibt, bedeutet „Machthaber.“ Die Welt erinnert sich an große Machthaber wie Dschingis-Khan oder vor kürzerer Zeit an Stalin und Hitler, die gefürchtete Gewaltherrscher waren. An ihnen bewahrheitete sich das Wort: „Macht verdirbt den Charakter, und absolute Macht verdirbt ihn absolut.“ Keine der erwähnten Personen wurde der Welt zum Segen. In der ganzen Menschheitsgeschichte stand es nur Christus zu, „seliger Herrscher“ genannt zu werden. Er ist der Regent, der Frieden und Segen bringt.

In den Tagen, als unser Herr auf Erden wandelte, war Rom der Mittelpunkt des Weltgeschehens. Da war Größe und Macht und Herrlichkeit. Der pompöse Kaiser Augustus ordnete eine Zählung an, um sein Steueraufkommen zu vergrößern. Keiner achtete auf einen Mann und seine schwangere Frau, die sich auf die Reise machten, um sich in einer kleinen Ortschaft in der Nähe von Jerusalem eintragen zu lassen. Der mächtige weltliche Herrscher mußte dem Plan Gottes dienen, was ihm eine Fußnote in den Chroniken der Prophetie einbrachte.

Die Frau gebar einen Sohn, der das Zentrum der Weltgeschichte darstellt und von dem Seine Anhänger noch 2 000 Jahre später singen:

Jesus wird regieren, wo immer die Sonne
in ihrem Lauf hinscheinen mag.
Sein Reich reicht bis an der Welt Enden.

Isaac Watts

Christus, herrsche Du als Regent meines Lebens, auf daß ich Deinen Segen und Frieden erfahre.

75

König der Könige

„Der König der Könige und Herr der Herren.“
(1. Timotheus 6,15)

Paulus kommt beim Versuch, Jesus Christus zu beschreiben, nicht umhin, Superlative zu gebrauchen. Im Vergleich zum Glanz Seiner Majestät sind alle anderen Könige nur glimmende Dochte, die vergebens versuchen, Licht zu spenden.

Shelley berichtet, wie er einem Reisenden aus Ägypten begegnete. Der hatte in der Wüste die Reste einer Statue entdeckt: zwei Beine und einen zerbrochenen Kopf, der Körper fehlte. Auf dem Sockel stand folgende Inschrift:

> Mein Name ist Ozymandias, König der Könige:
> Seht an, was ich erreicht habe, ihr Mächtigen,
> an mich kommt ihr nicht heran.

Ozymandias hatte die Unverfrorenheit, sich selbst als „König der Könige“ zu bezeichnen, aber er hinterließ nur die Reste einer Statue: zwei Beine und einen zerbrochenen Kopf. Jesus in seiner unaussprechlichen Herrlichkeit als König der Könige hinterläßt dagegen ein ewiges Reich.

Laßt uns einige Aspekte Seiner Königsherrschaft betrachten:

Jeder König muß das Recht auf den Titel haben. Königliches Blut muß in den Adern dessen fließen, der den Thron einnehmen will. Die irdischen Monarchien kennen eine königliche Abstammungslinie.

Matthäus zeichnet deshalb sorgfältig die davidianische Abstammung Jesu auf. Es war nötig, daß die Messiasschaft Jesu auf diese Weise attestiert und beglaubigt wurde.

Obwohl für Jesus die Abstammung von Israels ruhmreichen König gegeben war, ruhte Sein Titel der Königsschaft nicht auf einer irdischen Basis. Jesus ist der König der Könige nicht deshalb, weil Er Sohn Davids ist, sondern weil Er der Sohn Gottes war und ist. Seine Königsschaft ruht auf dem ewigen Grund Seiner Göttlichkeit. Sie stützt sich auf Seine Gottheit.

Jeder König hat einen Thron. In dem Teil der majestätischen Westminster Abbey, der als St. Edwards-Kapelle bekannt ist, befindet sich das, was viele als Englands kostbarstes Relikt betrachten: der alte Krönungssessel. Er stammt aus der Zeit Edwards I., also um 1300 n. Chr. herum, und er wurde seither bei jeder Krönung benutzt. Er trägt den historischen Stein von Scone. Als ich mir den Sessel anschaute, stellte ich mir die ruhmreiche Galerie der Könige und Königinnen vor, die das Vorrecht hatten, in einem kurzen Augenblick besonderer Ehre und Herrlichkeit auf diesem Sessel Platz nehmen zu dürfen.

Und wie sollte der Sessel des Königs der Könige beschaffen sein? Gibt es einen angemessenen Thron für den Herrn der Herren? Die Schrift gibt uns die Antwort: „Er (der Himmel) ist Gottes Thron“ (Matthäus 5,34). „Er (Jesus) hat sich zur Rechten von Gottes Thron gesetzt“ (Hebräer 12,2). Jesus regiert heute vom himmlischen, unvergänglichen, ewigen Thron Gottes aus.

Es gibt einen weiteren Thron, der unter die Herrschaft Jesu Christi kommen muß. Es ist der Thron, von dem alle Lebensäußerungen einer Person ausgehen: der Thron des menschlichen Herzens. Regiert Er – ohne einen Rivalen – auf dem Thron Ihres Herzens?

Jeder König hat Macht. Jesus allein aber konnte sagen: „Mir ist alle Macht gegeben im Himmel und auf der Erde“ (Matthäus 28,18).

Jeder König hat ein Reich. Jesus erklärte: „Mein Königtum ist nicht von hier“ (Johannes 18,36). Während andere Reiche ihren Niedergang erleben und verschwinden, ist das Königreich Jesu Christi unvergänglich.

Viele haben ihr Leben auf den Befehl eines irdischen Königs hin hingegeben. Haben Sie Ihr Herz und Leben Jesus gegeben, dem König der Könige, dem seligen und einzigen Herrscher und Herrn der Herren?

Herr der Herren und König der Könige, regiere Du auf dem Thron meines Lebens.

76

Urheber unseres Heils

*„Denn es war angemessen, daß Gott,
für den und durch den das All ist und der viele Söhne
zur Herrlichkeit führen wollte,
den Urheber ihres Heils durch Leiden vollendete.“*
(Hebräer 2,10)

Unsere Nation war betroffen, als wir an den Bildschirmen miterlebten, wie das Raumschiff „Challenger“ kurz nach dem Start explodierte und sieben Insassen im Feueralptraum des 28. Januar 1986 das Leben lassen mußten. Wir trauerten um die Crew und verfolgten die Trauerfeierlichkeiten, die vom Präsidenten persönlich geleitet wurden.

Christa McAuliffe, eine Schullehrerin, die der Mannschaft angehörte, hatte die Herzen der Amerikaner gewonnen. Sie hatte zu ihrem Raumflug den ausgestopften Frosch ihres Sohnes, das Kreuz ihrer Tochter, die Uhr ihrer Großmutter und eine Lektion mitgenommen, die sie vom All aus ihrer Schulklasse durchgeben wollte. Daß sie zum Opfer wurde, war für viele ein Schock.

Nicht lange vor diesem Unglück hatte Christa McAuliffe noch einen Brief an die Sonntagsschule der Heilsarmee in Manchester in New Hamsphire geschrieben. Sie lobte die Teilnehmer der Sonntagsschule und forderte sie auf, „nicht bei dem stehenzubleiben, was angenehm und bequem ist“, sondern bereit zu sein, „zu neuen Ufern aufzubrechen“. Was die Ausbreitung des Evangeliums angeht, ist dies gewiß eine berechtigte Aufforderung.

Ein Pionier (andere Übersetzung für „Urheber“) zu sein, erfordert viel Mut, eine Bereitschaft, Risiken auf sich zu nehmen und dort hinzugehen, wo noch niemand hinging. Es erfordert nicht selten, viele Entbehrungen und große Opfer auf sich zu nehmen.

Christus, der Urheber unseres Heils, wagte es, dahin zu gehen, wo noch niemand hinging. Um unseretwillen nahm er alle

Unannehmlichkeiten auf sich und brachte das kostbare Opfer Seines Lebens am Kreuz.

Unser Text im Hebräerbrief lehrt uns, daß es nur über Sein Leiden möglich war, Ihn zum Urheber unserer Errettung werden zu lassen. Das bezieht sich nicht darauf, daß etwa Seine Heiligkeit vollendet werden mußte, sondern auf den Weg, den Er als Retter gehen mußte. Es geschah durch Sein Leiden und Seinen Tod, daß Er uns von unseren Sünden erlöste.

Nicht weniger als das Opfer seiner selbst war für die Errettung nötig. Wenn Millionen von Sonnen mit ihrem unermeßlichen Feuer ein genügendes Opfer gewesen wären, hätte Gott, der Vater, sie zum Opfer genommen. Aber allein das blutige Opfer am Kreuz konnte die Erfordernisse der göttlichen Gerechtigkeit erfüllen.

Christus kam deshalb auf die Erde herab, um auf Golgathas Hügel den Preis für uns zu bezahlen. Nach Seiner Auferstehung fuhr Er zum Himmel und wird von dort eines Tages unter dem Jubel von Himmel und Erde wiederkommen als der mächtige Herrscher.

Urheber unseres Heils, danke, daß Du es auf Dich genommen hast, zu uns auf die Erde herabzukommen. Danke für das Opfer, das Du um unseretwegen gebracht hast, und für die Gewißheit Deiner Wiederkunft.

77

Apostel

„Darum, heilige Brüder, die ihr an der himmlischen Berufung teilhabt, schaut auf den Apostel und Hohenpriester, dem unser Bekenntnis gilt: auf Jesus.“
(Hebräer 3,1)

Apostel bedeutet Gesandter. Dieser Titel beinhaltet also eine Sendung, einen Auftrag. Jesus war von Gott auf eine Weise beauftragt, wie es bei keinem anderen Apostel der Fall war.

Christus wurde von Gott gesandt. Göttliche Imprimatur war auf Seinem Auftrag. „Gott war in Christus.“

Im vierten Evangelium gebraucht Jesus den Ausdruck „der mich gesandt hat“ 26mal. Und noch häufiger gebraucht Er ein anderes Verb, mit dem die Beauftragung vom Vater in ähnlicher Weise zum Ausdruck kommt.

Damit werden aber keine Abstriche an der Freiwilligkeit Seines Kommens gemacht. Jesus sagte über Sein Leben: „Niemand entreißt es Mir, sondern Ich gebe es aus freiem Willen hin“ (Johannes 10,17-18). Sein Erbarmen ließ nichts anderes zu.

Sein Kommen war keine plötzliche Maßnahme, um einem unversehens aufgetauchten Notfall abzuhelfen. Bevor die Zeit in Gang gesetzt wurde, wußte Gott von des Menschen Verhalten und seiner daraus resultierenden Not und wie Er ihr begegnen konnte. Wir lesen in Offenbarung 13,8: „Und alle, die auf Erden wohnen, beten es (das Tier) an, deren Namen nicht von Anfang der Welt an geschrieben stehen in dem Lebensbuch des Lammes, das geschlachtet ist.“

Christi Erlösung war nicht ein Gedanke, der Gott nach einer Weile der Ratlosigkeit kam, sondern sie war schon vom ewigen Ratschluß her beschlossen. Gott ist allwissend und daher vorherwissend. Er sieht die Zukunft voraus. Christi Sendung und Auftrag waren vor der Erschaffung der Welt festgelegt, vor Adam und Eva und vor dem Sündenfall.

Paulus erklärt: „Er entäußerte sich und wurde wie ein Sklave“ (Philipper 2,7). Er nahm die Rolle eines Sklaven oder Dieners freiwillig auf sich, um das große Werk der Erlösung zu vollbringen. Kein Theologe kann die Selbstentäußerung Jesu ganz erfassen, kein Mystiker Seine Hingabe ermessen.

Christus kam von den Reichtümern zu den Lumpen, damit wir von den Lumpen zu den Reichtümern gelangten. Er wurde arm, damit wir reich würden an unvergänglichem Besitz. Er kam herab aus der Herrlichkeit, um uns zu den Herrlichkeiten der jenseitigen Welt zu bringen. Er wurde zu einem Diener, damit wir Fürsten würden. Er wurde das, was wir waren, um uns zu dem zu machen, was Er ist.

Der Zweck Seines Kommes kommt in den einfachen und doch würdigen Versen von Emmanuel Rolfe zum Ausdruck:

> Jesus kam herab, um meine Erlösung zu sein,
> O wunderbare Liebe!
> Er verließ Seines Vaters Haus,
> um am Schandkreuz für mich zu sterben
> und mich von Sündenbanden frei zu machen,
> O wunderbare Liebe.
> Der Glaubensblick erkennt im Kreuz
> die große Liebestat,
> Durch Seine Gnade bin ich gerettet,
> und ich will Ihm ewig dienen.
> Daß es nie vergessen werde:
> Er kam und starb für dich und mich,
> O wunderbare Liebe.

Der Titel weist noch auf eine andere Wahrheit der Schrift hin, die wir betrachten sollten. Jesus sagte zu Seinen Jüngern: „Wie Mich der Vater gesandt hat, so sende Ich euch“ (Johannes 20,21). Christus war ein Apostel, der von Gott, dem Vater, zu den Menschen gesandt wurde. Jetzt, während Seiner leiblichen Abwesenheit von dieser Welt, will Er, daß wir diejenigen sind, die Gottes Wort und Willen den Menschen nahebringen. Wollen Sie ein solcher Bote sein, der vom Meister gesandt wird?

Danke, Herr, daß Du in diese Welt der Sorgen und Nöte gekommen bist. Hilf mir, daß Dein Opfer für mich nicht vergeblich war und daß Dein Bild in mir nicht getrübt werde. Hilf mir, Deine ewige Botschaft weiterzusagen.

78

Hoherpriester

„Er (Jesus), der nach der Ordnung Melchisedeks Hoherpriester ist auf ewig.“
(Hebräer 6,20)

Christus war um unseretwillen Hoherpriester. Vers 19 erkärt uns, daß Er „hineinreicht in das Innere hinter dem Vorhang“. Damit war das Allerheiligste gemeint, das die Gegenwart Gottes darstellte. Vorher konnte nur ein Hoherpriester aus dem Geschlecht Aarons ins Allerheiligste gehen, und das auch nur einmal im Jahr. Er ging als der Vertreter des Volkes. Das Volk selbst hatte keinen Zutritt.

Christus aber ging als Hoherpriester hinein und öffnete den direkten Zugang zu Gott für uns. Der Vorhang wurde in zwei Teile zerrissen. Die Trennwand wurde beseitigt. Christus übertrug das heilige Vorrecht der Priesterschaft auf alle Gläubigen.

Der Schreiber des Hebräerbriefs erklärt, daß Christus der Hohepriester eines neuen Bundes ist. Nicht nach der Ordnung der Leviten, sondern nach der Ordnung Melchisedeks. Dieser Name führt uns zu den Berichten in 1. Mose 14,18-20 und Hebräer 7. Der Vorrang Melchisedeks kommt dadurch zum Ausdruck, daß Abraham die Zehntenzahlung an ihn leistete. Damit befindet sich der große Patriarch in einer niedrigeren Stellung als Melchisedek.

Der Psalmist weissagt über den Messias: „Du bist Priester auf ewig nach der Ordnung Melchisedeks“ (110,4). Melchisedek ist also ein Vorläufer des großen Hohenpriesters, der noch kommen würde.

Bei Melchisedek sind weder Anfang noch Ende dokumentiert. Deshalb symbolisiert er die ewige Priesterschaft Christi. Andere Priester waren nur für eine vorübergehende Zeit im Amt und wurden dann von einem Nachfolger abgelöst. Christus hat eine fortwährende Priesterschaft.

Melchisedek konnte keinen Nachweis seiner Herkunft erbringen. Es war ihm nicht möglich, ein Geschlechtsregister vorzulegen, das seine Abstammungslinie, einschließlich seiner Eltern, dokumentierte. Das war für levitische Priester jedoch unerläßlich, da die Abstammung das vorrangige Kriterium zur Zulasung zu diesem Amt war.

Melchisedek war jedoch nicht Priester aufgrund seiner Abstammung. Noch war Christus ein Priester aufgrund Seiner Herkunft aus dem Stamme Levi. Er war aus dem Stamm Juda und stellte eine neue und höhere Ordnung der Priesterschaft dar.

Der Name Melchisedek bedeutet „König der Gerechtigkeit". Er war auch der König von Salem, d. h. „König des Friedens". Christus ist der König der Gerechtigkeit und der Friedefürst. Gerechtigkeit und Frieden sind charakteristisch für das neue Reich, das anbrechen wird, wenn Jesus wiederkommt und als König herrscht.

Eine der Hauptfunktionen des Hohenpriesters war es, für das Volk einzutreten. Auf den beiden Schulterstücken des Efods (des Priesterschurzes) trug er zwei Onyxsteine (Karneol-) mit den Namen der zwölf Stämme, und auf dem Brustschild (Lostasche) befanden sich zwölf Edelsteine, die ebenfalls die Namen der zwölf Stämme trugen. Er trug Israel auf seinen Schultern (Stärke) und auf seinem Herzen (Liebe). Christus, unser großer Hoherpriester, trägt unsere Namen und Nöte auf den Schultern Seiner Allmacht und auf dem Herzen Seiner großen Liebe in die Gegenwart Gottes.

Christus ist unser großer Hoherpriester aufgrund der Wirksamkeit Seines Sühnopfers. In Hebräer 9,4 finden wir die Einrichtung des Allerheiligsten beschrieben: den Rauchopferaltar, die ganz mit Gold überzogene Bundeslade mit dem Krug mit Manna, dem Stab Aarons und den Bundestafeln.

Ein Ausstattungsstück wird nicht erwähnt: ein Stuhl! Und das deshalb, weil das Werk des Hohenpriesters nie beendet war und er sich deshalb niemals setzen sollte. Jahr um Jahr mußte er am großen Versöhnungstag erneut in das Allerheiligste treten und Opfer darbringen.

Von Christus und Seinem Opferwerk lesen wir jedoch: „Dieser aber hat nur ein einziges Opfer für die Sünden dargebracht und sich dann für immer zur Rechten Gottes gesetzt" (10,12). Er allein konnte von Seinem priesterlichen Versöhnungswerk sagen: „Es ist vollbracht!"

Unser Kontext erklärt auch den Umfang Seines Versöhnungswerks: „Darum kann Er auch die, die durch Ihn vor Gott hintreten, für immer retten; denn Er lebt allezeit, um für sie einzutreten“ (7,25).

Christus, mein großer Hoherpriester, ich danke Dir, daß du diesen neuen und lebendigen Weg zu Gott für mich bereitet hast.

79

Bürge eines besseren Bundes

„So ist Jesus auch zum Bürgen eines besseren Bundes geworden.“
(Hebräer 7,22)

Ein Bund ist eine Übereinkunft zwischen zwei Personen: Wenn der eine Bündnispartner treu die Vereinbarung erfüllt, wird sich der andere auch in einer bestimmten vereinbarten Weise verhalten.

Da war der Alte Bund, der sich auf das Halten des Gesetzes bezog. Dieser Bund bestand zwischen Gott und Israel. Er war die Grundlage des Alten Testaments. Der Neue Bund zwischen Gott und Menschen verheißt Zugang zu Gott durch Christus und ist die Grundlage des Neuen Testaments.

Wie wissen wir, daß wir Zugang zu Gott haben und daß Er unseren Glauben und unsere Hingabe akzeptiert? Der Schreiber des Hebräerbriefs versichert uns, daß Jesus zum Bürge eines besseren Bundes geworden ist. Ein Bürge ist jemand, der Sicherheit gibt, Gewähr leistet, eine Sache garantiert.

Kautionen, Kreditbürgschaften und andere Sicherheiten und Versicherungen der verschiedensten Art sind heute üblich. Eine Bürgschaft soll Sicherheit geben, daß die Zahlung erfolgt. Die Bürgschaft ist jedoch nur so gut wie Ehrlichkeit und Mittel des Bürgen reichen.

Jesus ist der Bürge für die Liebe Gottes, für unsere Errettung, für Gottes Verheißungen und für das ewige Leben. Er ist Einer, auf dessen Ehrlichkeit und Mittel wir uns ohne Zweifel verlassen können. Deshalb singen Christen auch voll Zuversicht die bekannten Worte Fanny Crosbys:

> Seliges Wissen, Jesus ist mein,
> füllt mir das Herz mit himmlischem Schein.
> Wiedergeboren, frei von der Sünd,
> unseres Gottes herrliches Kind.

Danke, Herr, daß Du Bürge meiner Errettung bist. Nicht für eine begrenzte Zeit, sondern für alle Ewigkeit.

80

Urheber des Glaubens

„Laßt uns ... auf Jesus blicken,
den Urheber und Vollender des Glaubens.“
(Hebräer 12,1-2)

Das griechische Wort, das hier auf Christus angewandt wird, hat einige herrliche Aspekte. Das Wort „archegon“ setzt sich aus zwei Wortstämmen zusammen, von denen das eine „führen“ und das andere „erster“ bedeutet. Dieses zusammengesetzte Wort bedeutet damit „erster Führer“, also jemand, der in einer Sache die Führung übernimmt und ein Beispiel gibt. Das Wort wird deshalb u. a. wie folgt übersetzt: Fürst, Oberhaupt, Leiter, Anfänger, Führer, Ursprung, Urheber.

Vielleicht gibt in unserem Zusammenhang das Wort „Pionier“ am besten wieder, was gemeint ist, indem es Christus als den Einen darstellt, der voranging und den Weg für Seine Nachfolger bahnte. Er ist unser großer Wegbereiter, der den Weg ging, der noch nie begangen wurde. Er hat uns neues Land und neue Welten erschlossen, die uns Anreiz sind, Ihm auf Seinem Pfad zu folgen.

Die Geschichtsbücher erzählen von den großen Taten vieler Pioniere. Es gibt sie auf vielen Ebenen: bei der Erkundung der Welt, beim Lösen von Naturgeheimnissen, bei der Formung der Gesellschaft usw.

Während Pioniere auf diesen Gebieten vieles geleistet haben, gibt es ein Gebiet, das für uns noch wichtiger ist: das Gebiet des Geistes. Auch hier brauchen wir jemanden, der uns vorangeht, der uns die Geheimnisse der geistlichen Welt aufschließt. Einer, der uns auch auf diesem Gebiet den Weg weist, den wir gehen sollen.

Der Titel unseres Herrn, den wir in unserem Text finden, sagt uns, daß Er der Urheber oder Pionier unseres Glaubens ist. Er ist uns im geistlichen Bereich vorangegangen. Das Geheimnis einer siegreichen Pilgerschaft besteht daher darin, Seiner Spur zu folgen.

Als Pionier unseres Glaubens hat Er uns den Pfad eröffnet, der zu einem lebendigen, siegreichen, erfüllten, überfließenden und ewigen Leben führt. Er führt uns vom trockenen Hinterland bloßer Existenz ins blühende Neuland spannender, freudiger Entdeckungen.

In Hebräer 2,10 wird Christus ebenfalls als Urheber bezeichnet, und zwar als „Urheber unseres Heils". Auf Seinem Weg zu unserem Heil blieb Ihm die Agonie des Gartens Gethsemane nicht erspart. Er ging die Via Dolorosa, den schweren Weg nach Golgatha. Er ging diesen trostlosen Weg, weil er zu unserem Heil führte. Aber Er kam zurück mit dem glänzenden Schlüssel des Heils und des ewigen Lebens in den Händen. Nun kann Er uns die Himmelstore aufschließen.

Christus ist der Anführer unseres Glaubens. Wir müssen unsere Augen auf diesen Pionier unseres Glaubens richten, damit wir die Ablenkungen und Umwege vermeiden, die uns davon abhalten wollen, unser Lebensziel zu erreichen.

Der ganze Titel lautet: „Urheber und Vollender unseres Glaubens." Er, der unseres Glaubens Ursprung ist, wird ihn auch vollenden. Diejenigen, die auf diesem Pfad gehen, läßt Er nicht im Stich. Er ist mit ihnen. Sein Nahesein und Seine Mittel befähigen sie, den ganzen Weg mit Ihm zu gehen, ihre Bestimmung zu erfüllen und das Ziel zu erreichen.

In gewissem Sinn sind wir alle Pioniere. Jeder hat ein Leben vor sich, das noch mit allen Möglichkeiten offen ist. Jeder geht seinen eigenen, individuellen Lebenspfad, den noch niemand vorher gegangen ist. Wir finden Sicherheit und kommen gut voran, wenn wir uns an den wenden, der unseren Weg kennt und uns Wegweisung gibt.

Wegbereiter des Wegs, der vor mir liegt, gib mir Ausdauer, Dir den ganzen Weg zu folgen.

81

Jesus Christus

„Petrus, Apostel Jesu Christi.“
(1. Petrus 1,1)

Der zusammengesetzte Titel „Jesus Christus“ hat größere Bedeutung, als wenn die Titel einzeln gebraucht werden. „Jesus“ ist der menschliche, „Christus“ der göttliche Name. Wenn sie zusammen gebraucht werden, wie hier am Anfang der ersten Epistel des Petrus, geschieht die gleichzeitige Bestätigung von Mensch- und Gottsein.

Petrus kannte den Herrn in Seiner Menschlichkeit. Er hatte das Vorrecht der engen Gemeinschaft mit Ihm und konnte unmittelbar Sein Leben beobachten. Er kannte aber auch den Herrn in Seiner Göttlichkeit. Er war Zeuge Seiner großen Wundertaten.

Petrus hatte Grund, dankbar zu sein für das besondere Verständnis, das der Herr ihm immer wieder entgegenbrachte. Jesus, der wußte, was es bedeutete, Mensch und den Versuchungen ausgesetzt zu sein, sagte Petrus zu, ihm in seinen Schwächen und Fehlern durch Seine göttliche Kraft zu helfen.

Jean Dudley erinnert uns daran, daß etwas von Petrus in jedem von uns steckt:

Wie Petrus liebte, liebte ich,
in der gleichen Art:
Mit stolzen Versprechungen
und heftigen Gemütsbewegungen,
auf die banges Zaudern
und schließlich Verleugnung folgte.
Der Glaube ging unter
im Meer der Versuchungen.
Aber über meine wechselhafte Liebe hinaus
sehe ich Seine Liebe,
die mich nicht aufgibt.

„Es gibt keinen neutralen Platz im Universum“, warnt C. S. Lewis, „für jeden Quadratzentimeter und jeden Sekundenbruchteil besteht ein Anspruch Gottes und ein Gegenanspruch Satans.“ Wir sind in einen geistlichen Kampf gestellt. Wie beruhigend ist es, zu wissen, daß wir Einen haben, der selbst Mensch war, unsere Nöte und Bedürfnisse versteht und als Gott uns Kraft geben kann, die Anforderungen zu bewältigen.

Jesus von Galiläa, Herr des Weltalls, danke, daß Du mich verstehst und mir Kraft gibst.

82

Bischof (Aufseher)

„Denn ihr hattet euch verirrt wie Schafe, jetzt aber seid ihr heimgekehrt zum Hirten und Bischof eurer Seelen.“
(1. Petrus 2,25)

In der Bibel werden wir in unserem geistlichen Zustand oft mit Schafen verglichen. Sowohl Jesaja als auch Petrus erklären, daß wir uns wie Schafe verirrt haben (Jesaja 53,6; 1. Petrus 2,25). Christus selbst sprach von sich als dem guten Hirten. Petrus versichert uns, daß wir jetzt unter der Obhut und Fürsorge des Auferstandenen stehen, „des Hirten und Bischofs“ unserer Seelen. Ohne Seine Betreuung und Wachsamkeit Christi könnten wir erneut abirren.

Unser Herr ist ein guter Hirte, denn Er kennt unsere Versuchungen, Anfechtungen und Nöte, weil Er ihnen selbst ausgesetzt war.

Damien ging zu den unbetreuten Leprakranken auf der Insel Molokai im Südpazifik. Er war der einzige gesunde Mensch auf der Insel. Eines Morgens goß er heißes Wasser in eine Schlüssel, wobei er etwas davon verschüttete. Das Wasser spritzte auf seine nackten Füße, aber er fühlte keinen Schmerz. Erstaunt blickte er auf seine Beine. Dann dämmerte ihm plötzlich die ganze schreckliche Wahrheit: Er war selbst leprakrank geworden! (Schmerzunempfindlichkeit ist ein Zeichen des Aussatzes.)

Als er das nächste Mal auf die Kanzel stieg, begann er mit den Worten: „Liebe Mitaussätzige.“ Indem er sich ihrer Nöte annahm, hatte er selbst ihr Leiden auf sich genommen.

Unser Herr ist der gute Hirte, der Sein Leben für Seine Schafe gab. Durch Seine Striemen ist uns Heilung geworden, und durch Seinen Tod sind wir ins ewige Leben geboren.

Wächter meines Weges, halte mich auf dem Kreuzesweg und führe mich sicher zum Ziel, wo ich in Deinem Haus für immer wohnen werde.

83

Beistand (Fürsprecher)

„Wenn aber einer sündigt, haben wir einen Beistand beim Vater: Jesus Christus, den Gerechten.“
(1. Johannes 2,1)

Das Wort „sündigt“ steht hier im Griechischen in der sogenannten Aorist-Zeitform und bezieht sich auf eine Sünde in der Vergangenheit – im Gegensatz zu der Zeitform, die fortwährendes, gewohnheitsmäßiges Sündigen zum Ausdruck bringt. Wenn uns eine Sünde leid tut, die wir getan haben, und wenn wir willig sind, uns von ihr zu distanzieren, haben wir einen Beistand beim Vater, der uns hilft, Vergebung zu empfangen.

Das Wort „Beistand“ ist das griechische Wort „parakletos“, das Johannes auch für den Heiligen Geist verwendet. In Johannes 14,16 wendet Jesus dieses Wort jedoch gleichzeitig auf sich selbst an, indem Er sagt: „Er wird euch einen anderen Beistand geben, der für immer bei euch bleiben soll.“ Das Wort „Beistand“ bezieht sich auf jemanden, der uns zu Hilfe kommt, um für uns einzutreten.

Der Heilige Geist als Paraklet kann vieles für uns tun. Er überführt, erneuert, wirkt die Wiedergeburt, gibt Kraft, führt und hilft beim Gebet. Aber es gibt etwas, das der Heilige Geist nicht tun kann: Er kann uns nicht von unserer Sündenschuld befreien. Jesus Christus allein ist der Beistand, der Paraklet, durch den wir Vergebung vor dem göttlichen Thron der Gerechtigkeit erlangen.

Zu der Zeit, als dieser Text geschrieben wurde, bezog sich das Wort, das mit „Beistand“ übersetzt wird, auf einen Rechtsbeistand (Anwalt) für die Verteidigung in einem Gerichtsverfahren.

Das göttliche Gesetz wurde von uns übertreten, und wir sind deshalb schuldig geworden. Gottes Wort erklärt dazu: „Wer sündigt, soll sterben“ (Hesekiel 18,20). Wir alle haben gesündigt, und das Gesetz verdammt uns. Wir sind der Todes schuldig. Kann uns jemand helfen?

Ja! Wir haben einen Rechtsbeistand, der sich für uns einsetzt. Nicht um die Unschuld zu beweisen, denn wir sind schuldig, sondern um aufgrund Seines Opfers Gnade für uns zu erwirken.

Jesus: Sein menschlicher Name erinnert uns an Sein Verständnis für unsere Schwachheiten und Fehler.

Christus: Sein göttlicher Name erinnert uns an Seinen einzigartigen Stand vor Gott, dem Vater, aufgrund dessen er vor dem göttlichen Richter für uns eintreten kann.

Der Gerechte: Er hat die moralische Qualifikation, Mittler zwischen Mensch und Gott zu sein.

Im Rockefeller Center in New York kann man von der Promenade über dem Lower Plaza eine bronzene Statue sehen, die Prometheus darstellt, wie er das heilige Feuer für die Menschheit raubt. Es handelt sich um eine griechische Legende: In den Tagen, bevor die Menschen Feuer besaßen, nahm Prometheus Feuer vom Himmel und gab es den Menschen als Geschenk.

Zeus, der Götterkönig, war sehr zornig, daß die Menschen diese Gabe bekommen hatten. Er nahm Prometheus gefangen und schmiedete ihn zur Strafe an einen Felsen. Dort war er der Hitze des Tages und der Kälte der Nacht ausgesetzt. Und Zeus beauftragte einen Adler, Prometheus' Leber herauszureißen. Damit nicht genug: Sobald sie nachgewachsen war, kam der Adler, um sie erneut herauszureißen.

Diese Legende zeigt das heidnische Konzept der Götter: eine Horde eifersüchtiger und rachedurstiger Gottheiten. Wie anders und wie trostvoll ist die Botschaft, daß Christus unser Beistand ist, daß Er derjenige ist, der vor Gott für uns eintritt und uns verteidigt.

Du mein Beistand beim Vater, danke, daß Du mich vertrittst. Durch Dein Opfer habe ich Vergebung.

84

Sühne

„Er ist die Sühne für unsere Sünden, aber nicht nur für unsere Sünden, sondern auch für die der ganzen Welt.“
(1. Johannes 2,2)

Das erklärt der Jünger, der Ihn besser als jeder andere Mensch kannte. Das Wort „Sühne“ wird verschieden übersetzt: „Versöhnung“, „Sühnung“, „Sühnopfer“. Jedes dieser Worte spricht von dem großen Opfer, das Jesus für uns am Kreuz gebracht hat.

Es war ein freiwilliges Opfer für uns. Es war der Welt größte Tat der Selbsthingabe und hatte die größte Auswirkung aller Geschichtsereignisse: Sein Tod erlöste die Welt von Sünde.

Sühne bringt das zusammen, was getrennt war. Versöhnung war das Ziel, für das Christus auf die Erde kam. Seine Geburt, Sein Leben, Sein Tod, Seine Auferstehung und Seine Wiederkunft dienen diesem Zweck.

In Major Albert Hambletons Lied geht es um Christi Auftrag:

Er kam nicht auf den Jupiter,
Er kam nicht auf den Mars,
und auch nicht auf die Sonn und Mond
oder auf einen der Sterne.
Von allen geschaffenen Orten,
die durch Seine Hand gemacht wurden,
war es die Erde, auf die Er kam.
Er kam, weil Ihm daran lag, die Last der Sünde von
uns zu nehmen, die teuflichen Pläne zu vereiteln
und die Welt zu erlösen.
Durch Seine eigene Willensentscheidung
kam er von Seinem Thron herab auf die Welt,
aber nur, wenn er eingeladen wird,
kommt Er auch in meine Welt.

Göttlicher Herr, der Du mir solche Liebe erwiesen hast: ich erwidere sie dankbar und gebe Dir mein alles.

85

Amen

„So spricht Er, der ‚Amen' heißt."
(Offenbarung 3,14)

„Amen" ist eines der großen biblischen Worte. Es bedeutet „So sei es!" Es bestätigt das Gesagte als akzeptiert, gewiß und zuverlässig.

Die Formulierung „Und alles Volk sage ‚Amen'" finden wir nicht weniger als zwölfmal in den Versen 5. Mose 27,15-26. Das Volk sagte „so soll es sein" in Erwiderung auf die angedrohten Sündenflüche der Leviten. Die Psalmen verwenden das Wort als Abschluß des Lobpreises wie in „Gepriesen sei der Herr in Ewigkeit. Amen, ja Amen" (89,52).

Im Neuen Testament finden wir diese Praxis ebenfalls bei Lobpreis und Gebet, wie z. B. in Römer 11,33-36, wo Paulus mit den Worten schließt: „Ihm sei die Ehre in Ewigkeit, Amen." Das Wort erscheint auch verschiedene Male am Ende von Pauli Episteln.

Aber das Wort bekommt Seine große Bedeutung im Zusammenhang mit dem Herrn. Es ist ein von Jesus häufig gebrauchtes Wort und erscheint 51mal bei den Synoptikern und 50mal im Johannesevangelium. Es wird aber an diesen Stellen mit „wahrlich" übersetzt.

Bei Johannes finden wir sogar eine Verdoppelung des Wortes mit „wahrlich, wahrlich, Ich sage euch". Wo immer Jesus diesen Ausdruck verwendet, macht Er auf eine wichtige Wahrheit aufmerksam. Deshalb sollten wir sehr sorgfältig auf diese ‚Wahrlich-Aussagen" Christi achten.

Die sprachlich moderne New International Version übersetzt das Wort, ohne an Bedeutung zu verlieren, mit: „Ich sage euch die Wahrheit."

Damit lautet der Hinweis an Nikodemus: „Ich sage dir die Wahrheit: Wer nicht aus Wasser und Geist geboren ist, kann nicht in das Reich Gottes gelangen" (Johannes 3,5). Unser Herr gebrauchte dieses Wort, um die Wahrheit zu unterstreichen, daß die Neugeburt ein unumstößliches Erfordernis für den Menschen ist.

Nachdem das Wort in Jesu Leben eine so große Rolle spielte, überrascht es nicht, daß es im letzten Buch der Bibel als Titel für Christus selbst gebraucht wird.

Ein Siegel der Zuverlässigkeit und Gewißheit wird durch die Erklärung gegeben: „So spricht Er, der ‚Amen' heißt" (Offenbarung 3,14).

Es ist bezeichnend, daß dieses Wort „Amen" überall gleich ist, so daß Christen aller Völker und Sprachen, wenn sie zusammenkommen, vereint „Amen" sagen können.

Der Du das Amen bist, wir preisen Dich für deine Vertrauenswürdigkeit und die Gewißheit Deiner Offenbarung. Hilf uns, daß wir durch sie und nach ihr leben.

86

Der treue und zuverlässige Zeuge

„So spricht Er ... der treue und zuverlässige Zeuge.“
(Offenbarung 3,14)

„Ich wurde hin- und hergerissen von einer Meinung zur anderen. Warum? Das Symbol des christlichen Glaubens, das Kreuz, machte mir Schwierigkeiten“, bekannte Malcolm Muggeridge, als er von seiner eigenen Pilgerreise zum Glauben berichtete.

Aber die von ihm erkannte geistliche Leere und der Betrug der Alternativen, brachten ihn doch zu Christus. Muggeridge ging es ähnlich wie Petrus, der nur sagen konnte: „Zu wem sollen wir gehen?“ In Christus allein haben wir den treuen und zuverlässigen Zeugen, der uns die Wahrheit über das Leben sagt.

In Offenbarung 3,14, im Sendschreiben an die Gemeinde in Laodizea, gebraucht Christus den Titel „der treue und wahrhaftige Zeuge“ für sich selbst.

Und in Offenbarung 19, das mit dem großen himmlischen Halleluja-Chorus beginnt, wird Er als „der Treue und Wahrhaftige“ bezeichnet (Vers 11). Hier haben wir eine der dramatischsten Szenen der Bibel, wo Christus Seinen großen endzeitlichen Sieg über das Tier und den falschen Propheten davonträgt.

Wenn wir unsere Planungen und Lebensentscheidungen auf den Aussagen eines Zeugen aufbauen, möchten wir unbedingt, daß dieser Zeuge wahrhaftig, zuverlässig und vertrauenswürdig ist. Christus ist es, Er läßt sich nicht von anderen zur Lüge beeinflussen. Im Wandel der Wertvorstellungen der Welt bleibt Sein Zeugnis unveränderlich wahr. Nicht eine einzige Tatsache ist zu finden, die ein Wort Christi ungültig werden lassen könnte. Die wahren Entdeckungen der Wissenschaft bestätigen nur Christus. Die Wahrheit bestätigt Christus, und Christus bestätigt die Wahrheit.

Treuer und wahrhaftiger Zeuge, danke, daß Du mir die Wahrheit über Gott, mich selbst und die Welt offenbarst.

87

Löwe aus dem Stamm Juda

„Weine nicht. Gesiegt hat der Löwe aus dem Stamm Juda."
(Offenbarung 5,5)

Der Seher von Patmos hat hier eine seltsame Reihenfolge von Bildern: In unserem Vers wird Christus als Löwe und im Vers darauf als Lamm bezeichnet. Sind wir hier auf eine Unvereinbarkeit von Titeln Christi gestoßen? Können Christus als Lamm und Christus als Löwe miteinander in Einklang gebracht werden?

Ja, Er ist beides. Es sind zwei wichtige Bilder für Christus und Seinen Dienst. In der Gestalt des Lammes wird Sein Leiden und Sein Opfer dargestellt. Wir brauchen aber auch die Gestalt des Löwen, mit der Sein Sieg über Sünde, Tod und Teufel dargestellt wird. Das Opfer ohne den Sieg hätte nur ein weiteres Glied in der Kette der Märtyrer bedeutet.

„The Amplified New Testament" gibt diesen Vers auf eindrückliche Weise wieder: „Höre auf zu weinen. Schau, der Löwe aus dem Stamm Juda ... hat den Sieg davongetragen – Er hat triumphiert und Beute gemacht." Den Menschen wird wenig geholfen, wenn wir klagen: „Schau, wohin die Welt gekommen ist!" Vielmehr sollten wir erklären: „Schau, wer in die Welt gekommen ist!"

Wir müssen Jesus mehr als Sieger sehen. Laßt uns die Vorstellung eines schwächlichen Christus beiseite tun. Er ist der Löwe, der Triumphator, der große Sieger. Er wird den Kriegen, der Gewalt, dem Bösen und aller Ungerechtigkeit ein Ende machen. Laßt uns Ihn als den sehen, der Er ist: ein siegreicher Held!

Auf Ihn müssen wir uns stützen, auf Seine Kraft. In unserer eigenen Kraft versagen wir bald.

Wir waren zum Camping im Algonquin Park in Canada. Eines unserer Mädchen, das damals noch sehr jung war, wollte unbedingt eine Bergtour mitmachen. Sie war begierig darauf und überzeugt, durchhalten zu können. Es war für uns schwierig, nein zu sagen, und so erlaubten wir ihr mitzukommen. Zusammen mit den beiden älteren Kindern begannen wir, uns auf den Weg nach oben zu machen. Unsere Jüngste lief voraus, tanzte hin und her und war voller Zuversicht, daß sie genug Kraft haben würde.

Aber bald wurde der Weg enger und felsig. Und es ging steiler aufwärts. Nach einiger Zeit war sie so erschöpft, daß sie sich hinsetzen mußte und nicht mehr weiter konnte. Erst als ich sie hochzog und ihr weiter behilflich war, indem ich sie ständig mitzog, erreichten wir schließlich das Ziel. In ihrer eigenen Kraft hätte sie es nicht geschafft.

Das Leben ist ein aufsteigender Pfad. Wir finden oft steinigen Boden vor, es hat Engstellen und steile Schluchten, und wir sind oft müde und erschöpft. Aber Christus hat für uns gesiegt, nimmt uns bei der Hand und führt uns sicher zum Ziel.

In einem Lied N. B. Herrells finden wir die Wahrheit dieses Titels angesprochen:

> Einst war unser gesegneter Herr
> unserem menschlichen Blick verborgen,
> aber dann kam Er auf die Erde
> und hat durch Sein Leiden und Seinen Tod
> den Vorhang zerrissen.
> O seht den Schmerzensmann,
> behaltet Ihn im Auge.
> Sehet, Er ist der mächtige Sieger,
> der den Vorhang zerriß.

Großer Sieger, befähige auch mich, siegreich zu leben.

DAS SELBSTPORTRAIT UNSERES HERRN („ICH BIN ... “)

88

Das Brot des Lebens

„Ich bin das Brot des Lebens.“
(Johannes 6,35)

Die Volksmenge wurde Zeuge des Wunders der Speisung von 5 000 Menschen. Nur fünf Brote und zwei Fische waren da, aber der Herr vermehrte sie. Als sie ihn zum König machen wollten, zog sich Jesus auf einen Berg zurück.

Danach begab Er sich zum anderen Ufer. Das Volk spürte Ihn aber bald wieder auf. Der Gesprächsstoff der Menschen offenbarte, daß es ihnen um das irdische Brot ging. Jesus jedoch lenkte ihren Blick auf den Geber und erklärte: „Ich bin das Brot des Lebens.“

Der Kern der Aussage war, daß das, was Brot in bezug auf den physischen Leib bedeutet, Er für die Seele ist. Es paßt dazu, daß Jesus in Bethlehem geboren wurde, denn der Name dieser Ortschaft heißt übersetzt „Haus des Brotes“.

Brot ist als das wichtigste Nahrungsmittel bekannt. Andere Nahrungsmittel sind für uns entbehrlich, nicht aber Brot. Christus ist unentbehrlich für unser geistliches Leben und dessen Erhaltung.

Christus, dem nicht verborgen geblieben war, daß das Kommen der Menge mehr den materiellen als den geistlichen Dingen galt, erklärte ihnen: „Euch geht es nicht wirklich um Mich, sondern um die Brote, die Ich euch zu essen gab und die euch satt machten.“

Sehen wir hier nicht auch eine Anklage auf die heutige Religion? Sogar in dem, was als frommes Handeln für Christus erscheint, finden sich anderweitige Motive. Wie viele gehen in die Kirche wegen des Brotes, das vergeht? Durch ihr Kommen suchen sie Ansehen, durch ihren Dienst wollen sie Anerkennung finden, und wenn sie etwas spenden, wollen sie dadurch einen frommen Eindruck erwecken. Oder sie geben etwas, das Ersatz für eine größere Gabe ist, die Gott von ihnen fordert. Wie kann Selbstsucht sogar unser religiöses Handeln bestimmen!

Haben wir nicht auch manchmal das Unpersönliche statt des

Persönlichen, das Vorübergehende statt des Ewigen, den Schatten statt des Eigentlichen gesucht? Ging es bei dem, was wir taten, nicht manchmal mehr um den Ruf und was wir darstellten, als um Dienst für den Herrn? Wir vergessen, daß dann, wenn wir das Reich Gottes an die erste Stelle setzen und uns wahrhaft dafür einsetzen, der Ruf von selbst folgen wird.

Kurzfristiges Vergnügen, bald verflogene Reize, schnell verblassender Ruhm und vorübergehender Erfolg sind wie Seifenblasen, die in allen Farben schillern. Wie Kinder strecken wir uns nach ihnen aus, um sie zu fassen. Wenn wir sie ergreifen wollen, ist der ganze Zauber vorbei.

Jesus bezog sich in diesem Kapitel auf den tiefsten Hunger und Durst des Lebens. Im Menschen steckt eine Sehnsucht nach seinem Schöpfer. Der Psalmist verwendet ein Bild, um diesen Gedanken verständlich zu machen, wenn er ausruft: „Wie der Hirsch lechzt nach frischem Wasser, so lechzt meine Seele, Gott, nach Dir“ (Psalm 42,2).

Als ich mich an einem heißen Sommertag auf den Poconobergen in Pennsylvania aufhielt, tauchte plötzlich über einer Hügelkuppe ein Hirsch auf. Gleichzeitig hörte ich das Bellen von Hunden, die ihm nachjagten. Auf seiner Flucht kam der Hirsch in meiner Nähe vorbei, so daß ich den gehetzten Blick in seinen Augen erkennen konnte. Aber bergab gelang es ihm, die Meute der Verfolger abzuhängen.

Ich sah, wie er unten im Tal in den Fluß rannte und begierig von dem frischen Wasser trank, das dort in Kaskaden über die Felsen floß. Ausgelaugt von der Flucht, hatte er großen Durst. So hat auch der Mensch ein Verlangen, einen Hunger und Durst nach Gott. Dieses Verlangen kann kein irdisches Wasser und keine irdische Speise stillen. Nur Christus, der das Brot des Lebens ist, kann unseren tiefsten Hunger, d. h. das Verlangen der Seele, stillen.

Christus erklärt den Jüngern, daß sie Sein Brot essen sollen. Wir müssen Christus in unser Innerstes hineinnehmen, Ihn uns sozusagen einverleiben. Wir müssen Seine Wahrheiten und die Realität Seiner Gegenwart in unser tägliches Leben hineinnehmen. Er wird uns erhalten, stärken und versorgen. Er gibt unserem geistlichen Leben Energie.

Christus opferte sich, um unser Brot des Lebens zu werden.

Brot des Lebens, stille Du den tiefen Hunger meines Lebens.

89

Das Licht der Welt

„Ich bin das Licht der Welt."
(Johannes 8,12)

Was das Licht für die Erde ist, ist Jesus für den Menschen. Licht ist für das Leben unerläßlich. Es ist ein großes Geheimnis und gleichzeitig der beste Freund des Menschen. Auf vielerlei Weise gleicht das physische Licht dem Einen, der das Licht der Welt ist.

Die Welt braucht Licht. Sie kann ohne es nicht existieren. Ohne Licht wäre alles dunkel und unfruchtbar. Nichts könnte wachsen, nichts könnte leben.

Die Welt ohne Christus ist eine Welt der Finsternis und Orientierungslosigkeit. Ohne Christus ist die Welt in philosophischer Finsternis. Er allein ist die Antwort auf das Suchen und die Sinnfrage.

Ohne Christus ist die Welt auch in soziologischer Finsternis. Er allein lehrt das höhere Gesetz der Liebe, das zu wahrer Bruderschaft und Frieden führt.

Ohne Christus ist die Welt in geistlicher Finsternis. Er allein kann den Menschen aus der dunklen Sündennacht befreien. Das Licht vertreibt die Dunkelheit. Christus vertreibt die geistliche Dunkelheit und macht alles hell.

Licht ist ein großer Offenbarer. Die farbenprächtigsten Blumen und die majestätischsten Berge können uns in ihrer großen Schönheit erst begeistern, wenn die Nacht gewichen ist und das Licht der Sonne auf sie fällt.

In der Academica in Florenz waren wir hingerissen von der Schönheit der Skulpturen Michelangelos, einschließlich des großartigen David. Interessant war eine unvollendete Statue, die durch ihre Meiselspuren etwas über die Methode seiner Bildhauerkunst aussagte. Wir wurden daran erinnert, daß es sein Konzept war, das zu enthüllen, was im Marmor enthalten war, indem er das Überflüssige entfernte. So gab er der Welt die Gestalten, die er bereits im unbehauenen Marmor sehen konnte.

Christus setzt frei, was Gott in ein Leben hineingelegt hat, und offenbart durch Sein Licht die sonst verborgen gebliebene Herrlichkeit und Schönheit göttlicher Prägung.

Licht führt uns. Im Dunkel kommt man leicht ins Stolpern und zu Fall. Licht ermöglicht es, Richtung und Ziel zu erkennen.

Licht durchdringt. Es setzt sich mit der großen Geschwindigkeit von 300 000 Kilometern pro Sekunde unaufhaltsam fort, und es ist uns näher als der liebste Mensch.

Licht ist rein. Wasser mag aus einer reinen Quelle fließen, aber dann dauert es nicht lange, bis es, wenn es an Dörfern und Städten vorbeifließt, verschmutzt wird. Der Schnee macht Bekanntschaft mit den Luftunreinheiten, wenn er vom Himmel fällt. Das Licht kann jedoch durch das schmutzigste Material scheinen und bleibt doch tadellos rein. Christus befand sich mitten in der moralischen Verschmutzung der Welt und blieb doch fleckenlos rein. Er ist das reine Licht.

Wir dürfen aber auch eine andere Seite nicht vergessen. Jesus sagte von sich selbst: „Ich bin das Licht der Welt." Von Seinen Jüngern sagte Er jedoch auch: „Ihr seid das Licht der Welt" (Matthäus 5,14). Wie können wir diese beiden Aussagen auf einen Nenner bringen?

Jeder, der sich mit Astronomie befaßt hat, weiß, daß es zwei Arten von leuchtenden Himmelskörpern gibt. Es gibt solche, die selbst Lichquelle sind. Die Sonne gehört dazu. Und es gibt solche, die kein eigenes Licht haben. Der Mond ist ein Beispiel für letztere. Ohne das Sonnenlicht wäre er eine dunkle Kugel am Nachthimmel. Aber indem er die Sonnenstrahlen auffängt, wird er zu einem leuchtenden Himmelskörper.

Unser Licht ist ein geliehenes – von der Sonne der Gerechtigkeit. Wie wunderbar ist es, daß unser Leben Seine Strahlen auffangen und in eine dunkle Welt reflektieren kann.

Quelle des strahlenden Lichts, hilf mir, Deine Strahlen, Deine Herrlichkeit widerzuspiegeln.

90

Die Tür

„Ich bin die Tür.“
(Johannes 10,9)

Dieser Titel wird besonders verständlich, wenn man den Brauch der östlichen Schafhirten kennt. Abends sammelte der Hirte die Schafe in ein Gehege. Es war meistens ein von Steinen oder einer anderen Art natürlicher oder improvisierter Absperrung umgebenes Feld und hatte einen engen Eingang. Der Hirte legte sich in diesen Eingang und wurde so buchstäblich die Tür.

Ein Wanderer kam an einer Herde vorbei.
Es war kurz vor Sonnenuntergang.
Die Schafe befanden sich
innerhalb einer runden Mauer
von Steinen und Felsbrocken.
Keine Tür und kein Tor war vorhanden,
nur eine schmale Öffnung,
gerade groß genug, ein Schaf durchzulassen.
„Sagen Sie mal“,
fragte der Wanderer den Hirten,
„müssen Sie nicht befürchten,
daß wilde Tiere auftauchen?“
„Ja, doch, der Wolf ist in der Nähe“,
entgegnete der Hirte
und fuhr mit den bekannten Worten fort:
„Aber ich bin die Tür!“

Da am Himmel die Sterne schienen,
konnte er den Schatten im Eingang erkennen.
Kein Schaf wird ohne die Herde hinausgehen,
das weiß der Hirte.
Seine geliebte Herde braucht sich aber nicht
vor dem räuberischen Wolf zu fürchten,

denn er kommt nicht hinein,
ohne zuvor an dem Hirten vorbei zu müssen.
Das Wort Christi gilt für uns, Seine Schafe:
Ich bin die Tür. Autor unbekannt

Christus ist die Tür der Errettung: „Wer durch Mich hineingeht, wird gerettet werden" (Johannes 10,9). Viele haben versucht, die Mauer der Sünde durch eitle Philosophie, menschliche Bemühungen und religiöse Systeme zu überwinden – aber abgesehen von Christus gibt es keine Errettung.

Lew Wallace, der „Ben Hur" geschrieben hat, war von dem bekannten Agnostiker Robert G. Ingersoll aufgefordert worden, ein Buch zu schreiben, das die Behauptung, daß Jesus gelebt habe, als Lüge entlarvte. Wallace verbrachte viel Zeit damit, herumzureisen und alte Manuskripte zu studieren.

Aber als er schließlich zu schreiben anfing, erkannte er, daß alle seine Nachforschungen und Untersuchungen nur das Gegenteil bezeugten, nämlich daß Jesus Christus eine wirkliche Person der Geschichte war. Er gelangte des weiteren zu der Überzeugung, daß Jesus nicht nur gelebt hat, sondern daß Er Gott war und auferstand und daß Er der Retter der Menschheit ist. Im Alter von 50 Jahren betete er das erste Mal und nahm Christus als Herrn und Heiland an. Er änderte seine Manuskripte. Er gab der Welt „Ben Hur", um nachzuweisen, daß Christus der Sohn Gottes und der Retter der Welt ist. Christus ist die Tür der Errettung.

Christus ist auch die Tür zu geistlicher Freiheit. Von den Schafen, die durch diese Tür gehen, sagt Christus: Sie werden „ein- und ausgehen". Das setzt Aktivität voraus. Es gibt ein Kommen und Gehen für Gott. Das Leben hat eine tiefere Dimension und einen breiteren Horizont, wenn wir Christus und die Perspektive der Ewigkeit haben. Das Christenleben ist kein Leben der Verbote, Beschränkungen und Einengungen, sondern ein Leben in der herrlichen Freiheit. Der Christ erfreut sich eines Lebens in der Fülle (siehe Vers 10).

Christus ist die Tür zu einem Leben, in dem für uns gesorgt wird: Die Schafe werden „Weide finden". Das Leben wird durch die Gemeinschaft mit Christus und die Gemeinschaft mit den Mitbrüdern und -schwestern gestützt und bereichert.

In diesem Titel wird uns zu verstehen gegeben, daß Christus die Tür zur Herde Gottes ist. Die Gemeinde oder Herde – Sein

Leib – ist die Gemeinschaft wahrer Nachfolger, ungeachtet ihrer denominationellen Herkunft. Durch Christus, die Tür, treten sie ein und werden Teil der großen Herde Gottes. Christus ist der oberste Hirte und Bischof unserer Seelen.

Christus, ich merke, wie Deine Titel und meine Bedürfnisse zueinander passen. Ich danke Dir für den freien Zugang, den Du mir zur Herde Gottes verschafft hast.

91

Der gute Hirte

„Ich bin der gute Hirte."
(Johannes 10,11)

Als wir die berühmten St. Calixtus-Katakomben in Rom besichtigten, wurde unsere Aufmerksamkeit auf Gemälde an den Felswänden gelenkt, die aus dem dritten Jahrhundert n. Chr. stammten. Sie gaben ein beredtes Zeugnis vom Leben und Denken der frühen Christengemeinden. Wir entdeckten unter den Gemälden auch eines, das Christus als guten Hirten darstellte. Er trug ein Schaf auf Seinen Schultern. Die Vorstellung von Christus als dem guten Hirten war durch die Jahrhunderte vielleicht das lieblichste und geschätzteste Bild unseres Meisters.

Das Bild vom guten Hirten kennen wir aus dem beliebten 23. Psalm und anderen Stellen. Der Hirte kannte seine Schafe: „Er ruft die Schafe einzeln beim Namen" (Johannes 10,3). „Ich kenne die Meinen, und die Meinen kennen Mich" (Vers 14).

Die Hirten des Orients hatten eine viel engere Beziehung zu den Schafen als die Hirten des Westens. In unserem Teil der Welt werden die Schafe meistens wegen ihres Fleisches gehalten. Im Osten dagegen wegen ihrer Wolle und Milch. Dort war der Hirte viel längere Zeit mit seinen Schafen zusammen. Deshalb entwickelte sich zwischen dem Hirten und den Schafen eine enge, liebevolle Beziehung.

„Er geht ihnen voraus" (Vers 4) bezieht sich auf die Füße des Hirten und die Gangart. Er trieb seine Schafe nicht an, sondern führte sie. Christus ist den Weg vor uns gegangen. Er hat des Lebens dornenvolle Wüste durchschritten. Er kennt die Gefahren. Der gute Hirte führt seine Schafe „zum Ruheplatz am Wasser" (an stille Wasser). Nicht an reißende Ströme, sonst könnte die Strömung die Schafe abtreiben und die ganze Herde umkommen. Bei rauschendem Wasser könnte sich auch leicht ein Feind unhörbar nähern.

Aber unser Hirte führt uns nicht immer auf grüne Weiden und

an stille Wasser. Manchmal führt Er uns mitten in Stürme und tiefe Lebenstäler. Aber dort gibt Er uns die Gewißheit, daß Er als der gute Hirte bei uns ist.

„Dein Stock und dein Stab geben mir Zuversicht“ (trösten mich) (Vers 4) bezieht sich auf die Hände des Hirten. Der Stock war ein fester Holzknüppel, mit dem der Hirte die wilden Tiere verjagen konnte. Unser guter Hirte beschützt uns vor den Todfeinden unserer Seele. Der Stab war ein langer, an einem Ende gebogener Stecken, den der Hirte sanft auf den Rücken des Schafes legte, um es vom Weglaufen und Abirren abzuhalten.

Von des Hirten Hände kamen nicht nur Kraft und Schutz, sondern auch Zärtlichkeit. „Du salbst mein Haupt mit Öl“ (Vers 5). Der Hirte rieb mit seinen Händen Öl ins Fell des Schafes. Der gute Hirte erfrischt uns mit dem Balsam Seiner Gegenwart.

Auch das Herz des Hirten wird dargestellt: „Als Er die vielen Menschen sah, hatte Er Mitleid mit ihnen, denn sie waren müde und erschöpft wie Schafe, die keinen Hirten haben“ (Matthäus 9,36). Wir sind manchmal wie Schafe, die töricht herumstreifen, aber Jesus in Seiner Barmherzigkeit führt uns zur Herde zurück.

In Lukas 15,4-6 vergleicht sich Jesus mit einem Hirten, der hundert Schafe hatte. 99 waren sicher angekommen, aber eines war verloren gegangen. Der Hirte ging zurück, suchte und fand das verlorene Schaf. Er trug es auf Seinen Schultern nach Hause und rief die Nachbarn, um mit ihnen zusammen zu feiern: „Freut euch mit mir, ich habe mein Schaf wiedergefunden, das verloren war!“

Ein guter Hirte stellt sich zwischen die Herde und die ihr drohenden Gefahren. Jesus sagte: „Der gute Hirte gibt sein Leben hin für die Schafe“ (Johannes 10,11). Seine Liebe zu uns war so groß, daß Er sein Leben gab, um uns zu retten.

Unser Hirte wird auch an unserer Seite sein, wenn wir durchs „finstere Tal“ ziehen. Aber danach werden wir, zusammen mit unserem Hirten, in unseres Vaters Haus auf ewig wohnen.

Guter Hirte, führe mich sicher durch das Labyrinth und die Täler des Lebens zu meines Vaters Haus.

92

Die Auferstehung und das Leben

„Ich bin die Auferstehung und das Leben.
Wer an Mich glaubt, wird leben, auch wenn er stirbt."
(Johannes 11,25)

Diese Worte kommen aus einer Situation der Traurigkeit und des Herzeleids. Diese Art Traurigkeit ist der Menschheit wohl bekannt. Sie kommt, wenn die zärtlichen Bande der menschlichen Zuneigung und Gemeinschaft durchschnitten werden, und wo, um es in den Worten Tennysons auszudrücken, das Verlangen da ist

> nach der Berührung der verschwundenen Hand
> und dem Ton der verstummten Stimme.

Das kleine Haus in Bethanien, wohin sich der Meister schon oft zurückgezogen hatte, war zu einem Ort der Trauer über den verstorbenen Lazarus geworden.

In diese dunkle Situation hinein gibt Jesus einen Seiner strahlendsten Titel. Viele betrachten ihn als den Höhepunkt der Ich-bin-Aussagen. Es ist der höchste Ausdruck Seiner Macht über Leben und Tod.

Als Jesus auf Erden war, bewies Er mindestens viermal Seine Macht über den Tod. Zuerst war da die Tochter des Jairus (Markus 5,41), die schon in frühem Alter gestorben war, der Er befahl: „Mädchen, Ich sage dir: Steh auf!" Dann war es der Jüngling zu Nain, der einzige Sohn einer Witwe, der zu Grabe getragen wurde und zu dem Jesus die Worte sprach: „Ich befehle dir, junger Mann: Steh auf!" (Lukas 7,14).

Dann haben wir Lazarus: Im Zusammenhang mit seiner Auferweckung wurde unser Text ausgesprochen. Er war schon vier Tage tot, und der Leichengeruch hatte sich schon im Grab verbreitet. Der Anruf Jesu, „Lazarus, komm heraus!" (Johannes

11,43), ist einer der Höhepunkte der biblischen Berichte. Der Tote kam aus dem Grab heraus, immer noch mit Binden umwickelt.

Und schließlich haben wir noch Jesu eigene Auferstehung. Letztere gibt uns die endgültige Bestätigung der Autorität und Macht, die hinter Seinen Worten „Ich bin die Auferstehung und das Leben“ steht.

Da war der Tag, als Jesus sich im Grab befand. Die Herzen Seiner Nachfolger waren schwer geworden. Die niedergeschlagenen Emmaus-Jünger repräsentierten die Verzweiflung und Bestürzung aller Jünger über das, was als Niederlage ihres Herrn und Durchkreuzung Seiner Absichten aussah. Der Tod hatte Ihn als Opfer beansprucht, hatte die Hoffnung ausgelöscht, die sie sich aus Seinen strahlenden Verheißungen aufgebaut hatten.

Als die entscheidende Schlacht von Waterloo geschlagen wurde, warteten die Bewohner Londons begierig auf Nachricht über den Ausgang des Krieges. Zu jener Zeit wurden die Botschaften durch optische Zeichen (das Semaphor-Alphabeth) übermittelt. Oben auf der Winchester-Kathedrale sahen und lasen die Leute die Botschaft: „Wellington besiegt!“, dann hüllte eine Nebelwand die Zeichen ein. Die Bevölkerung war verzweifelt, daß ihr großer General geschlagen worden war. Alles schien verloren.

Etwas später lichtete sich der Nebel, und erneut wurde die Botschaft signalisiert. Wieder lasen sie: „Wellington besiegt“, aber jetzt war auch die Fortsetzung zu lesen: „Wellington besiegt den Feind!“ Verzweiflung wandelte sich in Jubel, Traurigkeit in Freude und Tragödie in Triumph.

So war es auch, als der Nebel, der sich nach Golgatha ausgebreitet hatte, wich. Die herrliche Botschaft verbreitete sich wie ein Lauffeuer: „Er ist auferstanden.“ Die Niederlage hatte sich in einen Sieg verwandelt. Christus war der große Besieger des Todes und nicht sein Opfer. Christus, der mächtige Überwinder, kam und zerschnitt den gordischen Knoten des Todes durch den entscheidenden Hieb Seiner Auferstehung.

Der Du die Auferstehung und das Leben bist: halte mir immer Deine Unsterblichkeit vor Augen.

93

Der Weg

„Ich bin der Weg.“
(Johannes 14,6)

Jesus hatte gerade Seinen Jüngern etwas Erstaunliches mitgeteilt. Hier, in Seiner Abschiedsrede im Obersaal, sprach Er von Wohnungen in Seines Vaters Haus und daß Er hingehen würde, eine Stätte für sie vorzubereiten und daß sie den Weg kennen würden. Diese geheimnisvolle Erklärung war für Thomas mit seinem Hang für das Praktische nicht klar genug. Er fühlte sich beflissen zu fragen: „Wie können wir den Weg wissen?“

Es überrascht uns nicht, daß es Thomas war, der die Frage stellte. Er wollte immer genau wissen, um was es ging. Er war es, der später nach der Auferstehung erklärte: „Wenn ich nicht in Seinen Händen die Nägelmale sehe und meinen Finger in die Nägelmale lege und meine Hand in Seine Seite lege, kann ich's nicht glauben.“

In unseren Fragen kommen unsere Unklarheiten zum Ausdruck. Insofern kann kreatives Zweifeln sogar einen Schritt vorwärts im Glaubensleben bedeuten. Ein Glaube, der auf dem Amboß der Zweifel ausgehämmert und mit der Realität verbunden wurde, wird oft ein durchhaltender Glaube.

Tennysons Worte könnten gut für Thomas geschrieben worden sein: „In ehrlichem Zweifel liegt, glaube es mir, mehr Glaube als im Herplappern der Hälfte der Glaubensbekenntnisse der Welt.“

Den letzten Ausspruch, den wir von Thomas im Neuen Testament haben, ist eine der uneingeschränktesten Feststellungen, die wir in den Evangelien finden: „Mein Herr und mein Gott!“

Die Frage des Thomas „Wie können wir den Weg wissen?“ ist die Frage der Jahrhunderte. Es ist die Frage, von der alles abhängt, die jeder Mensch sich stellen muß. Wir sind froh, daß Thomas diese Frage stellte, denn dadurch haben wir einen der strahlendsten Texte des Neuen Testaments. Indem Er auf Thomas'

Frage eingeht, erklärt Jesus: „Ich bin der Weg und die Wahrheit und das Leben. Niemand kommt zum Vater außer durch Mich."

Es gibt so viele Wege, die einladend aussehen und so viele Stimmen, die unsere Aufmerksamkeit erregen und unsere Hingabe bewirken wollen. Andere Religionen und Kulte melden sich zu Wort und behaupten, sie seien der Weg. Der Kommunismus mit seiner gottlosen, klassenlosen Gesellschaft verfocht agressiv den Anspruch, der Weg zu sein.

In Wissenschaft und Technologie sehen viele das Heilmittel für die Krankheiten der Welt. Es gibt auch viele in unserer Gesellschaft, die in Drogen, Sex, Hedonismus (Lehre, daß die Lust der höchste Wert sei), Materialismus das wahre Leben finden wollen. Wie können wir in einer Welt der sich widersprechenden Ansprüche und Behauptungen den richtigen Weg erkennen?

Viele wissen um die Erfahrung, wenn man in eine fremde Stadt kommt und sich dort nach einem bestimmten Platz erkundigt. Wir fragten einmal eine Person nach einer bestimmten Adresse und wie wir am besten dort hinkommen konnten. Die Erklärung, die derjenige gab, war so kompliziert, daß sie unser Gedächtnis und unser Vorstellungsvermögen überforderte.

Aber es gab auch Fälle, wo wir eine Person fragten und diese erklärte: „Folgen Sie mir einfach. Ich führe Sie dorthin!" Was für ein Unterschied ist es doch, wenn man jemand bei sich hat, der den Weg kennt und der einen dorthin bringt. Der Psalmist sagt: „Du zeigst mir den Pfad zum Leben" (Psalm 16,11).

Jesus gab uns Sein Bekenntnis als Wegweisung für unser Leben. „Ich bin der Weg", sagte Er. Er sagt nicht, daß er ein Weg unter vielen anderen sei, sondern Er erklärt: „Ich bin DER Weg." Er ist der einzige Weg, der zum Ziele bringt. Alle anderen Wege führen in die Irre.

Christus, Du bist der Weg, auf dem ich auf meiner Lebensreise gehen will.

94

Die Wahrheit

„Ich bin … die Wahrheit.“
(Johannes 14,6)

Mit „Ich bin die Wahrheit“ ist uns der zweite Titel der großen Titeltrilogie gegeben, die wir von Jesus in der Beantwortung der Frage des Thomas haben. Nie war die Erkenntnis der Bedeutung dieses Titels nötiger als in unseren Tagen der Irreführung und Nachahmung.

Täuschung und Betrug sind für viele zu einer normalen Lebensweise geworden. Die Frage des Pilatus „Was ist Wahrheit?“ scheint in unseren Tagen schwieriger denn je zu beantworten zu sein. Welcher salomonische Weise kann z. B. entscheiden, welche Differenzen zwischen der Wahrheit und den Angaben in unseren Nachrichten bestehen?

Der christliche Seelenkundler James R. Dolby stellt in seinem Buch „Ich bin auch ein Mensch“ die schmerzliche Diagnose: „Sie und ich sind im Grunde unehrlich. Viel Zeit haben wir damit verbracht, das Spiel der Täuschung zu erlernen … Wir wurden in eine Schablone der Unehrlichkeit gepreßt … Ehrlich mit sich selbst zu sein ist nicht gefragt … weil wir die Rollen, die uns von unserer Subkultur zugewiesen werden, spielen und weil wir uns fürchten, die Wahrheit über uns selbst auszusprechen aus Furcht vor persönlicher Ablehnung oder Liebesverlust, ist Selbsterkenntnis sehr schwierig geworden und erscheint manchmal unmöglich.“

Churchill drückte es auf seine wunderliche Art aus: „Hin und wieder stößt jemand auf die Wahrheit. Gewöhnlich reißt sich derjenige zusammen und geht weiter.“

Keith Miller führt in seinem Buch „Der Geschmack neuen Weins“ eine ähnliche Klage: „In der Gemeinde gab es einen erstaunlichen Mangel an Grundehrlichkeit. Nicht daß die Leute viel gelogen hätten, aber sie hatten die unausgesprochene Vereinbarung, nicht zu sehr auf die Wahrheit zu pochen, wenn es schien, daß die Wahrheit die Gefühle des Leiters oder die einer anderen Person verletzen oder gar erschüttern könnte ... Infolgedessen leben wir in einer Welt der Doppelzüngigkeit, für die wir mitverantwortlich sind."

Dr. M. Scott Peck erklärt in seinem Buch „Lügenvolk": „Wo es Böses gibt, ist die Lüge nicht weit. Das Böse hat immer mit Lügen zu tun." Dieser Bestsellerautor weist dann auf die Lügenquelle hin: „Ich weiß für Satan keine geeignetere Bezeichung als: Vater der Lüge!"

Wie leicht fällt es doch auch religiösen Menschen, die Wahrheit zu umgehen. Das nimmt viele raffinierte Formen an: Übertreibungen, um Eindruck zu machen, es bei der Steuererklärung nicht so genau nehmen, bei der Werbung nicht die ganze Wahrheit sagen, eine Aussage so hinbiegen, daß sie dem eigenen Ziel dient, eine falsche Entschuldigung geben, um Versagen zu überdecken oder den Ruf zu wahren. Christus, der die Wahrheit ist, ruft uns auf, mutig die Wahrheit zu bekennen.

Die Wahrheit wird ans Licht kommen. James Russel Lowell erinnert uns in „Die gegenwärtige Krise" daran:

> Einmal kommt für jede Person
> und für jede Nation der Moment,
> wo sie in der Auseinandersetzung
> zwischen Echtem und Falschem
> in die Entscheidung gestellt wird,
> sich auf die Seite des Guten
> oder des Bösen zu stellen.
> Wenn auch das Echte verachtet
> und das Falsche auf den Thron gehoben wird,
> bleibt doch bestehen:
> Nur die Wahrheit hat Zukunft.
> Gott steht im Schatten
> und wacht darüber.

Es geht nicht um Vorschriften, sondern um eine Person. Nicht um ein Was, sondern um ein Wer. Nicht um Gebote oder ein Glaubensbekenntnis, sondern um das Eigentliche: Christus! Er selbst ist der Wahrheitsstandard. Er war die Verkörperung der Wahrheit. Er war die Wahrheit in Menschengestalt.

Herr Jesus, hilf mir, wahrhaftig und glaubwürdig zu sein.

95

Das Leben

„Ich bin … das Leben.“
(Johannes 14,6)

„Ich bin das Leben“ ist der letzte Titel in der wunderbaren Trilogie, die Jesus im Obersaal gab. Damit haben wir eine erstaunliche Aussage. Jede andere Person müßte sagen: „Ich habe ein Leben“ oder „Ich bin ein Leben“. Aber Christus erklärt: „Ich bin DAS Leben.“ Wieder einmal wird hier mit dem bestimmten Artikel eine erhabene Wahrheit ausgedrückt.

Christus ist die Quelle allen Lebens. Das Leben in unserem Kosmos leitet sich von der Erschaffung und Fürsorge, Fügung und Gnade der Trinität ab. Die Luft, die wir einatmen, das Wasser, das wir trinken, die Nahrung, die wir aufnehmen – alles fließt uns aus Gottes Gnade und Fürsorge zu.

Christus ist auch die Quelle sinnvollen Lebens. Er bewahrt das Leben davor, leer und ziellos zu werden. Er hebt uns aus der bloßen Existenz heraus und gibt unserem Leben Wert und Qualität, indem Er es sinnvoll und zielgerichtet macht. „Ich bin gekommen, daß sie das Leben und volle Genüge haben sollen“ (Johannes 10,10 Lu) ist Seine Bekanntmachung in bezug auf das Leben, das Er gibt.

Außerhalb von Christus gibt es kein wahres Leben. Ohne ihn ist es so, wie es Shakespeare in „Macbeth“ beschreibt:

> Das Leben gleicht einem schemenhaften Schatten,
> einem erbärmlichen Schauspieler,
> der auf der Bühne aufgeregt umherstolziert
> und von dem man bald nichts mehr hört.
> Es ist eine Fabel, die ein Narr verbreitet,
> voll Lärm, aber ohne Bedeutung.

Ohne Christus werden die Worte, die Biff in Arthur Millers gefeiertem Stück „Tod eines Kaufmanns“ am Grabe seines Vaters spricht, wahr: „Er wußte nie, wer er war.“

Sinn und Ziel unseres Lebens finden wir allein in Christus. Wir sind mehr als nur ein kosmischer Zufall, eine unbeabsichtigte Ansammlung von Atomen, eine Marionette des Universums oder der Spielball eines blinden Schicksals.

Dag Hammarskjöld hat in seinen Tagebuchaufzeichnungen, die unter dem Titel „Das Unerhörte, in Gott zu sein“ erschienen, ein Beispiel falscher Zielsetzung gegeben:

„Er war Matrose und gehörte zu der Mannschaft auf einem der Schiffe des Kolumbus. Sie waren dabei, große Entdeckungen zu machen, aber er überlegte ständig, ob er rechtzeitig in seine Heimatstadt zurückgelangen könnte, um den alten Schuhmacher abzulösen, bevor jemand anders diese Arbeit übernahm.“

Wir lächeln vielleicht über dieses Beispiel, aber wie vielen Nebensächlichkeiten erlauben wir doch, unser Leben zu beherrschen! Welche unwesentlichen Dinge und fixen Ideen halten uns vom Trachten nach dem Ewigen und den daraus resultierenden reichen Entdeckungen ab.

Mit ihrem Buch „Das Bemühen, Herausragendes zu leisten“ haben Peters und Waterman nicht nur eine verlegerische Sensation geschaffen, sondern auch einen Management-Kult. Die Popularität des Buches verrät, daß die Menschen herausragend sein wollen. Die Gesellschaften, die von der Studie erfaßt wurden, zeichneten sich durch bestimmte Dinge aus, die als Charakteristikum hervorragender Betriebe herausgestellt wurden. Wenn schon eine Firma große Investitionen tätigt, um Herausragendes zu leisten und zu erreichen, wieviel mehr sollte es uns ein Anliegen sein, ein vortreffliches Leben für den Herrn zu führen.

Christus ist die Quelle der Lebensvortrefflichkeit. Er hilft uns dazu, das Beste zu geben. In ihm werden wir kreativ und nützen unser Potential.

Wir erhalten Leben von Ihm, werden von Ihm für das Leben ausgerüstet und gekräftigt und gehen vorwärts, bis wir zum Ziel gelangen.

Christus, der Du der Weg bist, führe mich, denn ohne Dich ist kein Vorwärtskommen. Christus, der Du die Wahrheit bist, erleuchte mich, denn ohne Dich gibt es kein Erkennen. Christus, der Du das Leben bist, lebe in mir, denn ohne Dich habe ich kein Leben und kein Wachstum.

96

Der wahre Weinstock

„Ich bin der wahre Weinstock."
(Johannes 15,1)

Es ist möglich, daß Jesus dieses Bild genommen hat, weil Er auf dem Weg vom Obersaal zum Garten Gethsemane an Weinbergen vorbeikam. Weinberge waren nichts Ungewöhnliches in dieser Gegend. Deshalb nahm sie Christus auch als Gleichnis. Eine Rebe erschien auf den jüdischen Münzen, Synagogentüren waren oft auch mit geschnitzten Reben verziert, und nach Josephus war die Rebe auch das Symbol, das auf der großen Tempeltür eingeschnitzt war. Das Bild von Weinstock und Rebe war also etwas, mit dem die Zuhörer Jesu gut vertraut waren.

In unserem Gleichnis ist Christus der Weinstock und wir die Reben. Das spricht von Gemeinschaft und Lebenseinheit. Die Rebe empfängt vom Weinstock Saft und Kraft. Für sich selbst ist sie nichts. Wenn sie nicht am Weinstock bleibt, verliert sie das Leben. In der Verbindung mit dem Weinstock aber bringt sie Frucht.

Der Gläubige ist mit Christus verbunden und hat Gemeinschaft mit Ihm. Ein Christ kann bestätigen: „Meine Seele ist mit Christus, dem lebendigen Weinstock, vereint."

In Seinem hohenpriesterlichen Gebet betete unser Herr: „Alle sollen eins sein, wie Du, Vater, in Mir bist und Ich in Dir bin" (Johannes 17,21). Die geistliche Einheit mit Christus, dieses Wunder des Christenlebens, war das große Thema des Paulus. Dieser Glaubensbekenner gebraucht den Ausdruck „in Christus" in seinen Episteln nicht weniger als 164mal – entweder mit diesem oder einem gleichbedeutenden Wortlaut.

In der Verbundenheit mit dem Herrn kommt es zu einer Willenseinheit von Gott und Mensch. Der Konflikt des Lebens ist im Grunde ein Willenswiderstreit: der menschliche Wille steht gegen den göttlichen Willen. Der Sieg kommt, wenn der menschliche Wille dem göttlichen ausgeliefert und untergeordnet wird.

Es kommt auch eine Einheit hinsichtlich der Absichten und Ziele zustande. Wenn wir mit Christus vereinigt sind, sind wir nicht mehr innerlich hin- und hergerissen zwischen der fleischlichen und geistlichen Natur, sondern es ist uns ein Anliegen, Seine heiligen Absichten in unserem Leben zu verwirklichen.

Die Einheit hat eine Bedingung. Christus drückt sie so aus: „Wenn ihr in Mir bleibt" (Johannes 15,7). Es gibt Kräfte, die eine Trennung von Weinstock und Reben herbeiführen, die die Einheit verhindern und der Rebe den lebensspendenden Kraftzufluß abschneiden wollen.

Der Schreiber des Hohenliedes geht darauf ein: „Fangt uns die Füchse, die kleinen Füchse! Sie verwüsten die Weinberge, unsere blühenden Reben" (2,15). Oft sind es kleine Dinge, die das ganze Leben verderben. Die kleinen Füchse des unkontrollierten Temperaments, der ungezügelten Leidenschaft, der versäumenden Lethargie, des sorglosen Geschwätzes verderben oft den Weinberg unseres Lebens.

Einheit mit Christus, dem Weinstock, schließt auch Reinigung ein: „Jede Rebe, die Frucht bringt, reinigt Er" (15,2). In Christus zu bleiben, schließt Reinigung von Herz und Leben ein. Wir müssen uns von den kleinen Liebschaften, die unsere große Liebe hindern, trennen, müssen von Selbstsucht gereinigt und durch den Heiligen Geist geheiligt werden.

Weinstöcke werden stärker beschnitten als Bäume. Oft steht von ihnen nur noch der Stumpf da. Aber je mehr tote Zweige abgeschnitten und je stärker das Zurechtstutzen war, desto kraftvoller und fruchtbarer gestaltet sich das Wachstum. Wenn das Leben von den toten Dingen gereinigt wird, zeigt sich vitales Leben in Christus.

Aus der Verbindung zwischen Rebe und Weinstock gehen Früchte hervor. Die Erzeugnisse der Weinberge der Gegend von Jerusalem waren weithin für guten Geschmack und Qualität bekannt. Geistliche Fruchtbarkeit entsteht aus der Einheit mit Christus. Ein guter, reifer Baum ist ein fruchttragender Baum. Es kommt zur Frucht des Geistes, zu einem christusähnlichen Wesen (Galater 5,22-23). Und es kommt zur Frucht des Dienstes.

Christus, Du wahrer Weinstock, ich möchte mit Dir vereinigt sein wie die Rebe mit dem Weinstock. Reinige meinen Geist von allen toten Dingen und mache mich fruchtbar für Dich.

97

Der Herrscher über die ganze Schöpfung (der Allmächtige)

„Ich bin ... der Herrscher über die ganze Schöpfung."
(Offenbarung 1,8)

Dieser Titel, den unser Herr selbst nennt, ist wie eine Buchwidmung am Anfang der Offenbarung. Dieses großartige letzte Buch der Bibel ist die „Offenbarung Jesu Christi". Die Ich-bin-Erklärung unseres Herrn mit ihrer Ewigkeitsdimension und Allmacht am Anfang des Buches ist sozusagen die göttliche Imprimatur.

Für Christus als Allmächtigen gibt es keine Machtbegrenzungen. Seine Allmacht in Verbindung mit Seiner unendlichen Liebe lassen uns Seiner Fürsorge auch in einer Welt der selbstzerstörerischen Tendenzen gewiß sein. Um die Tatsache der Allmacht Gottes zu wissen, ist tröstlich. Wir ziehen ja unsere Sicherheit nicht aus unserem schwachen eigenen Haltegriff, sondern vielmehr aus Seiner mächtigen Hand, mit der Er uns hält.

H. E. Fosdick zitiert in einem seiner Bücher ein Gedicht, das sich damit befaßt, wie hoch Christus über der Menschheitsgeschichte steht:

Ich sah die Eroberer vorübergehen
mit grimmigen, verbissenen Gesichtern:

Ich sah Dschingis Khan,
wie er mit seinen Horden alles überrannte,
besiegte und niederbrannte.

Ich sah Alexander, wie einen Überirdischen,
wie er versuchte, die Welt zu einen.
Ich sah Cäsar mit seinem Lorbeerkranz
und die Hunnen wie eine Ausgeburt der Hölle.

Ich sah Napoleon, wie er über Leichen schritt,
wie er keine Rücksicht kannte
und von einem Weltreich träumte.

Aber dann verschwanden sie alle
wie am Fenster vorbeihuschende Schatten,
und als Eroberer der Jahrhunderte
erschien Jesus, der Friedefürst,
ohne Waffen und nur auf einem Esel reitend.

Allmächtiger Herr, danke, daß Du mein Leben sicher in Deinen mächtigen Händen hältst.

98

Der Lebendige

„Ich bin … der Lebendige.“
(Offenbarung 1,18)

„Der Tod ist ein schwarzes Kamel, das einmal neben jedes Menschen Tür kniet“, ist ein Ausspruch der östlichen Welt, wo die Kamele knien, um ihre Reiter aufzunehmen. Der Tod klopft an jedermanns Tür. „Versuche nicht herauszufinden, für wen die Glocken läuten“, rief John Donne, „zum Schluß bist du noch gemeint.“ Die Menschheit wird von der Furcht vor dem Tode geplagt. Sie hat das Gefühl, ständig von diesem gefürchteten Feind verfolgt zu werden.

Das Neue Testament jedoch ist ein Buch über das Leben – geistliches Leben, Leben in Fülle, ewiges Leben. Es konfrontiert uns realistisch mit dem Tod, aber es tut es im Zusammenhang mit der Person und dem Werk Christi.

Das letzte Buch der Bibel, „die Offenbarung Jesu Christi“, ist das einzige Buch, das Jesus so darstellt, wie Er jetzt wirklich ist. Die Evangelien stellen Ihn in Seinem Menschsein und irdischen Dienst dar, mit dem Höhepunkt der Auferstehung und Himmelfahrt. Die Offenbarung setzt da ein, wo die Evangelien aufhören, und zeigt uns den verherrlichten Christus, den Christus in Seiner himmlischen Majestät, den triumphierenden Christus auf Seinem Herrscherthron, der in großer Macht auf die Erde wiederkommen und Sein Reich aufrichten wird. Die Offenbarung ist das Buch des unverhüllten Christus.

Im 1. Kapitel berichtet Johannes von der Vision, die Ihm von Christus gegeben wurde (Verse 13-16) und daß er darauf wie tot zu Boden fiel. Aber die Hand, die die Sterne auf Kurs hält, legte sich auf sein Haupt, und Johannes hörte die ermutigenden Worte: „Fürchte dich nicht! Ich bin der Erste und der Letzte und der Lebendige, und Ich war tot, und siehe, Ich bin lebendig in alle Ewigkeit und habe die Schlüssel des Todes und des Hades“ (Verse 17-18 Elb.).

Was für eine selige Gewißheit für Christen aller Zeiten: Jesus lebt! Er hat die Schlüssel des Todes und des Totenreiches!

Hat sich des Todes Tor geöffnet, um einen geliebten Menschen von Ihrer Seite zu nehmen: den Ehepartner, das Kind, die Eltern, der Freund? Jesus ist da mit dem Schlüssel des Todes. Er hat den Schlüssel zu jedem Grab, ob auf einer ruhigen Begräbnisstätte auf dem Land oder dem Hauptfriedhof einer Stadt. Er ist der Hüter des Schatzes unter dem Erdhügel, der mit duftenden Blumen bedeckt ist. Seine eigene mächtige Auferstehung und Auferstehungskraft sind die Schlüssel, die das Tor öffnen und den eingeschlossenen Leib zu einem neuen Leben erwecken, ähnlich Seinem eigenen Leben. Er ist der Lebendige, und weil Er lebt, werden wir auch leben.

Den achtzigjährigen Tennyson fuhr man von seinem Sommerhaus in sein Winterquartier auf der Isle of Wight. Er war schon krank und schrieb auf seinem Krankenbett ein Gedicht über die Gefühle beim Sterben und über die herrliche Hoffnung, Jesus am Ende der Lebensreise zu begegnen. Die letzten Zeilen von „Die Grenze überschreiten" sind eines seiner größten poetischen Glaubensbekenntnisse:

> Du Sonnenaufgang und Abendstern,
> wenn der Ruf an mich ergeht,
> soll es kein Klagen geben.
> Wenn ich in See steche,
> um zu jenem Ziel,
> jenseits von Raum und Zeit, zu gelangen,
> trägt mich die Hoffnung,
> meinen Lotsen von Angesicht zu sehen,
> wenn ich die Grenze überschreite.

Christus, der Du der Lebendige bist, hilf mir, so zu leben, daß dann, wenn die Schatten länger werden und der Lebensabend naht, ich weiter in Dir erfunden werde und mir der Segen Deiner Gegenwart erhalten bleibt.

99

Die Wurzel und der Stamm Davids

„Ich bin die Wurzel und der Stamm Davids."
(Offenbarung 22,16)

Jesus verbürgt sich in Seinem Schlußwort am Ende der Offenbarung für die Wahrheit dieses ehrfurchtgebietenden Buches. Er versichert uns, daß die Vision, von der Johannes berichtet, echt ist: „Ich, Jesus, habe Meinen Engel gesandt, euch diese Dinge für die Gemeinden zu bezeugen" (Offenbarung 22,16 Elb.). Der erstaunliche Inhalt und die Art des Buches machten es erforderlich, daß der Herr sich selbst dafür verbürgte.

Dann gibt der Herr Seinen Ausweis als Bürge, indem Er sich wie folgt benennt: „Ich bin die Wurzel und der Stamm Davids." Wir haben bereits zwei Titel betrachtet, die mit diesem verwandt sind: „Trieb" (Jesaja 11,1) und „Sohn Davids" (Matthäus 1,1). Aber dieser Titel geht, obwohl mit den anderen beiden verwandt, weit über sie hinaus.

Erstens erklärt Jesus damit, daß mit Ihm selbst die Erfüllung der Prophetie kam, daß der Messias aus dem Geschlecht Davids kommt. Der Titel ist nicht länger voraussagender Art, sondern ist in Christus erfüllt. Als der Eine, der diese und alle anderen Messiasprophetien erfüllt, hat es unendliches Gewicht, wenn Er sich für das gewaltige Buch der Offenbarung verbürgt, die das Wort Gottes vervollständigt und abschließt.

Zweitens erklärt Christus, daß Er nicht nur der Nachkomme Davids ist, sondern auch dessen Herkunft. Er ist sowohl die Wurzel als auch die Blüte. Der Herr ist der ewige Ursprung der Existenz Davids wie auch sein verheißener Nachkomme.

Unser Titel erfordert geistliche Zweistärkengläser, damit wir das Bild, das entworfen wird, richtig sehen. Es gibt uns einmal eine „Weitsicht" auf Christus. Es hilft uns, den Zeitkorridor weit zurück- und vorauszublicken und Ihn als den ewigen Christus zu sehen, den Zeitlosen.

Das ist eine Vision Christi, die in unseren Tagen sehr nötig ist. Wir müssen Ihn in unserem Zeitalter der Macht als den allmächtigen Christus sehen, in dieser Zeit des Wissens als den allwissenden Christus, in dieser Zeit der elektronischen Wunder als den wunderwirkenden Christus, in dieser Zeit der ständigen Veränderungen als den unwandelbaren Christus und in dieser Zeit der Interkontinentalraketen als den allgegenwärtigen Christus.

Zum anderen brauchen wir natürlich auch die „Kurzsicht" auf den innewohnenden Christus als den Einen, der bei uns und uns nahe ist. Wir glauben mutig, daß der Christus der Galaxien auch der Christus unseres Lebens ist. Er, der die Wege des Weltalls kennt, geht mit mir auf meinem Lebensweg. Er, der Zeitlose, wirkt in die Zeit, wirkt in mein Leben hinein. Er, der jeden Stern kennt, kennt auch meinen Namen und meine Nöte und Bedürfnisse.

Mit dieser Ich-bin-Aussage präsentiert Christus sozusagen ein Beglaubigungsschreiben in bezug auf die Wahrheit dieses Buches der Offenbarung. Er ist auch der Eine, der mit Seiner Vollmacht, sowohl hier und jetzt als auch in Ewigkeit, dafür sorgt, daß die Offenbarung in dem für mich gültigen Teil mir zum Wohl in Erfüllung geht. Ich kann sicher sein, daß die Vision, die ich von Christus durch die Offenbarung habe, in Seiner Majestät und Barmherzigkeit authentisch ist, denn sie kommt vom Herrn selbst. Durch den Geist, den Er uns gegeben hat, erkennen wir in Seinem Wort Seine Gnade, Herrlichkeit, Liebe und Macht.

Christus, ich danke Dir, daß Du Dich für Dein Wort, insbesondere für Deine Offenbarung, auch im Hinblick auf mein Leben, verbürgst.

100

Der strahlende Morgenstern

„Ich bin ... der strahlende Morgenstern.“
(Offenbarung 22,16)

Immanuel Kant schrieb: „Zwei Dinge erfüllen meinen Sinn immer neu und zunehmend mit Bewunderung und Ehrfurcht: der Sternenhimmel über mir und das moralische Gesetz in mir.“ Mein Lieblingsanblick in der Natur sind die Sterne. Wenn ich in einer dunklen Nacht den „juwelenbesetzten“ Himmel betrachte, bin ich von Ehrfurcht erfüllt. Ich denke an die unvorstellbaren Distanzen und die unfaßliche Größe dieser Himmelskörper. Wenn die Sterne nur einmal in einem Jahrhundert gesehen werden könnten, würde die größte Feier des Jahrhunderts veranstaltet.

Ich erinnere mich an einen Abend, als wir in den Wäldern Kanadas kampierten. Nachdem das Lagerfeuer erloschen war, spazierten wir mit unseren Kindern am Ufer eines Sees entlang und beobachteten den Sternenhimmel. Keine Wolke, kein künstliches Licht, nur die Sterne in ihrer Klarheit und atemberaubenden Schönheit und Majestät über uns. Unser Sohn, der damals sieben Jahre alt war, sagte in einem Ton der Bewunderung und Ehrfurcht: „Ich habe gar nicht gewußt, daß es so viele Sterne gibt!“

Jemand, der heute in der Stadt lebt, findet kaum Gelegenheit, die Sterne richtig zu sehen. In den Tagen Christi jedoch hatte jedermann ein Bild vor Augen, als Christus sagte: „Ich bin der strahlende Morgenstern.“ Wer damals reiste, für den hatten die Sterne große Bedeutung.

Der Morgenstern verkündete den Anbruch eines neuen Tages. Christus eröffnete ein neues Zeitalter. Mit Ihm kam die Zeitenwende. Er gab uns die Verheißung einer neuen und herrlichen Zukunft.

Bei verschiedenen Reisen nach Nordkanada, bei denen ich mit meinem Sohn auf Fischfang ging, fuhren wir auch nachts. Es ist äußerst interessant, das langsame Nahen des Morgens in der freien Natur zu beobachten, wo es weder elektrisches Licht noch Häuser gibt, die die Sicht auf die Sterne erschweren oder versperren. Je mehr sich der Himmel erhellte, desto blasser wurden die Sterne, bis sie schließlich ganz verschwanden. Außer einem: dem Morgenstern! Er war immer noch zu sehen.

Christus, der strahlende Morgenstern, scheint hell, wenn alle anderen Sterne unseres Lebens verblassen. Dinge, die jetzt noch am Himmel unseres Leben funkeln, werden eines Tages ihre Leuchtkraft verlieren, werden verblassen und verschwinden. Christus wird aber immer noch strahlen. Die Sterne des Ansehens, der Position, des Einflusses, des Besitztums und der Personen, die uns so viel bedeuten, werden einer nach dem anderen matter werden und verschwinden. Aber nachdem sie verschwunden sind, strahlt Christus immer noch hell.

Wie der Morgenstern der hellste Stern am Himmel ist, so ist Christus das hellste Licht der Welt, angesichts dessen Strahlkraft alle anderen Lichter bedeutungslos sind. Er ist der Erlöser, der Einzigartige, der Unvergleichliche der Menschheitsgeschichte.

Viele Jahrhunderte lang richteten sich die Menschen, die längere Reisen unternahmen, nach den Sternen. Schiffsleute segelten auf dem Meer und richteten sich nach den Sternen. Sie waren die Wegweiser der damaligen Welt. Selbst der Weg durch die Wüste war möglich durch die Führung, die man in den Sternen fand.

Ein Künstler malte ein Bild, auf dem ein Mann sein kleines Boot durch die dunkle Nacht ruderte. Der Wind war stürmisch, die Wellen erhoben sich und prallten gegen das kleine Boot. Aber es war ein Stern zu sehen, der durch den dunklen Himmel schien. Auf diesen Stern richtete der Mann seine Augen und fuhrt fort, durch den Sturm zu rudern. Unter dem Bild standen die Worte: „Wenn ich den verliere, bin ich verloren."

Von Christus allein bekommen wir die rechten Richtungsanweisungen für unsere Reise auf dem Meer des Lebens. Unser Boot ist klein, das Meer groß, aber wenn wir uns an dem Morgenstern, unserem Herrn, orientieren, finden wir den richtigen Kurs. Wie für die damaligen Seeleute soll Er auch uns auf unserer Lebensfahrt der Leitstern sein.

Strahlender Christus, gib Du mir die richtige Führung auf meiner Pilgerreise hier auf Erden.

REGISTER

Die Bilder Christi in alphabetischer Reihenfolge

Die Bilder Christi in der Reihenfolge der biblischen Bücher

Aktuelle Bücher —
man muß sie gelesen haben!

STREBEN NACH INNEREM FRIEDEN Dr. Henry Brandt
Der Verfasser dieses Buches ist der von Tim LaHaye so oft erwähnte christliche Psychologe Dr. Henry Brandt. Er zeigt hier, wie unser körperliches und geistiges Wohlbefinden eng mit dem Frieden der Seele zusammenhängt und wie aus innerer Unruhe, aus Furcht, Schuldgefühlen, Groll und Zorn schädliche Einflüsse auch für unsere leibliche Gesundheit entstehen. Magengeschwüre, Herzbeschwerden, Nervenzerrüttung und anderes sind dann das Ergebnis. Doch Dr. Brandt zeigt auch den Ausweg aus diesem inneren Unfrieden. Deshalb ist dieses Buch für Gläubige und Ungläubige eine große Hilfe.
Best.-Nr. 20 142 134 Seiten (Paperback) **DM 13,80**

DIE GESCHICHTE AUS DEM BUCH
Welcher Bibelleser hat sich nicht schon gewünscht, die Berichte der Bibel so hintereinander lesen zu können, wie sie sich in der zeitlichen Reihenfolge ereignet haben, um ein noch besser zusammenhängendes Bild zu bekommen. Weil die Bibel aus verschiedenen Büchern besteht, die von unterschiedlichen Verfassern zu verschiedenen Zeiten geschrieben wurden, ist das schwierig. Doch in diesem Buch haben Gelehrte die Berichte der Bibel in zeitlicher Reihenfolge zusammengefaßt, ohne daß Kapitel dazwischen wären. So erhalten wir in guter moderner Sprache einen chronologischen Bericht der biblischen Ereignisse, der in einem Zug gelesen werden kann. Auch Anfänger im Bibellesen und Ungläubige werden hier mit Interesse lesen.
Best.-Nr. 20 135 510 Seiten (Paperback) **DM 24,80**

PROPHET UND PROPHETIE Bruce Yokum
Gott hat im Alten wie im Neuen Testament neben Seinem Wort auch immer durch Propheten und prophetische Gaben geredet. Als die Christenheit sich immer mehr vom urchristlichen Prinzip entfernte, verstummte auch der Prophetendienst fast ganz. Durch die Erweckungsbewegungen des 20. Jahrhunderts hat der Heilige Geist diesen Dienst und diese Gaben neu belebt. Dadurch ist in der Gemeinde vermehrter Segen entstanden. Aber es sind auch viele Fragen über Möglichkeiten und Grenzen dieses Dienstes entstanden. Dieses Buch zeigt in biblisch fundierter Weise, welche Stellung Propheten und prophetische Dienstgaben in der Gemeinde einnehmen sollen. Deshalb wird es für jeden Christen eine große Hilfe sein.
Best.-Nr. 20 149 142 Seiten (Paperback) **DM 14,80**

UMGANG MIT UNSEREN GEFÜHLEN Ralph Speas
Sind Gefühle unsere Freunde oder Feinde? Jeder möchte wahrscheinlich immer gut gelaunt sein. Da unsere Launen und Stimmungen weitgehend von unseren Gefühlen abhängen, ist die Frage nach dem Umgang mit ihnen sehr wichtig, zumal auch unsere Entscheidungen oft mehr von Gefühlen als von vernünftigen Überlegungen bestimmt werden. Das Buch zeigt, wie wir uns nicht von negativen Gefühlen bestimmen lassen müssen, sondern wie statt Depressionen und Unruhe vielmehr Liebe, Freude und Friede unsere Seele erfüllen können. Ein sehr wichtiges Buch.
Best.-Nr. 20 094 128 Seiten (Paperback) **DM 12,80**

Preisänderungen vorbehalten.